人才选拔这样做才有效

精准定位人才、内外渠道招聘、全面筛选考察

董超　朱燕　丁路遥◎著

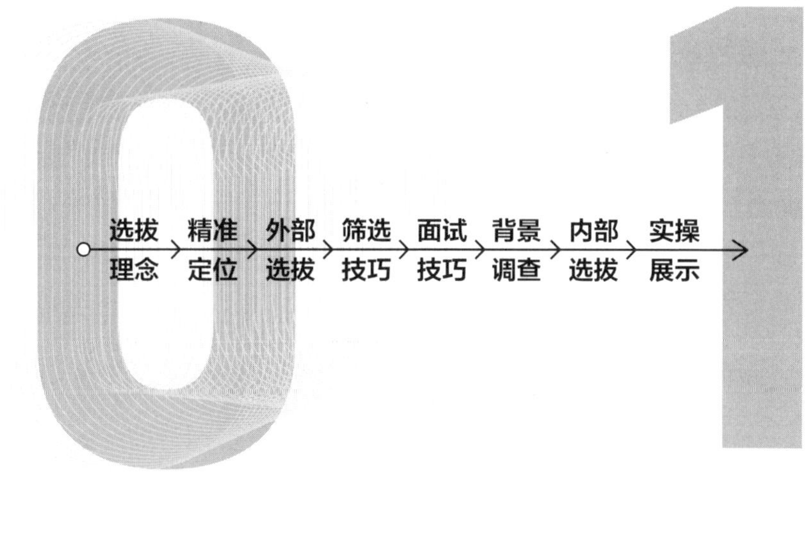

中国经济出版社
CHINA ECONOMIC PUBLISHING HOUSE
·北京·

图书在版编目（CIP）数据

人才选拔这样做才有效：精准定位人才、内外渠道招聘、全面筛选考察 / 董超，朱燕，丁路遥著. -- 北京：中国经济出版社，2021.4

（人才管理系列）

ISBN 978-7-5136-6439-4

Ⅰ. ①人… Ⅱ. ①董… ②朱… ③丁… Ⅲ. ①人力资源－人才选拔－案例 Ⅳ. ① F243.3

中国版本图书馆 CIP 数据核字（2021）第 049585 号

责任编辑　牛慧珍
责任印制　马小宾
封面设计　任燕飞工作室

出版发行　中国经济出版社
印 刷 者　北京柏力行彩印有限公司
经 销 者　各地新华书店
开　　本　710mm × 1000mm　1/16
印　　张　15.25
字　　数　190 千字
版　　次　2021 年 4 月第 1 版
印　　次　2021 年 4 月第 1 次
定　　价　58.00 元
广告经营许可证　京西工商广字第 8179 号

中国经济出版社　**网址** www.economyph.com　**社址** 北京市东城区安定门外大街 58 号　**邮编** 100011

推荐序

企业要做强做大，人才选拔不可或缺

对于企业来说，人才选拔，是助力企业发展不可缺少的一环。专业人才的加入，不但能够为企业注入新鲜血液，让企业焕发新活力，还能够加速企业的发展，让企业在短时间内做强做大。

看到这里，你可能会问：现在每个企业都在通过各种渠道选拔人才，为什么做强做大的没有几个？

答案很简单，就是没有真正理解什么是“人才选拔”。大部分企业管理者认为，选拔人才，就是招聘员工。人招来了，也培训了，如果还是做得不好，就换人。然后再招，不合适再换。

我经常会参与一些授课和分享的活动，在某次人力资源培训中，我向台下的学员提出一个问题：“假如公司招来的人不合适，你会怎么办？”

有人很快回答：“那就淘汰他，接着换别人用呗！”

一位中年学员则十分自信地回应：“余老师，天下没有不好的兵，只有无能的将军，所以我会好好培养他。”

这些想法是许多人惯性的思维，出发点都是解决问题，但却没有人想到需要去完善人才选拔的机制。

其实有许多企业内部产生的问题，本质上都是人的问题。而这一问题的源头，其实就在选拔这个环节上。

首先，企业选拔的人不对，后续在用人的过程中就会磕磕绊绊，双方都觉得别扭。举个例子，在三国蜀汉时期，诸葛亮让马谡守街亭。可是，自认为兵法过人的马谡，却不听诸葛亮的计策而错失街亭，那么背后真正的原因是什么呢？

我觉得并非马谡有多么无能，而是诸葛亮在选拔守将的决策上出现了偏差，可惜一番苦心谋划的良策，最终毁在自己赏识的“将才”手上。

其次，管理者想要培养好一个不合适的员工，需要付出的代价会很大，只不过许多人并没有真正去计算这样的成本。

那些价值观与企业不吻合的员工是很难靠培养来改变的，在这个磨合的过程中，会给企业带来不少内耗。说个极端的例子，若企业没有在选拔这个环节上下功夫，招来的某些员工人品有问题，若再投入资源去培养，结果可能就是培养了企业自身的“掘墓人”。

因此，人才的使用与培养固然重要，却并非人力资源管理的第一步，如果选的人不对，那么组织投入再多，也未必会产生好的结果。

我曾研究过国内一些快速做强做大的创业公司，发现这些公司都有一个共性特点，那就是重视人才的选拔。

字节跳动从2012年3月成立至今，在不到十年的时间里，就已经发展成为中国优秀的互联网公司之一，其旗下今日头条、抖音等产品已植入人们的日常生活。

张一鸣总结说：“从2015年初到年底，今日头条员工从300多一下增长到1300多，肯定都不是我亲自招来的，但还是有不少我亲自沟通的。如今我最多的夜归也是去见候选人，有时候甚至从下午聊到凌晨。”

若你仔细观察，会看到满怀激情创业的人很多，却鲜有像张一鸣那样重视人才选拔的CEO。正是张一鸣对人才选拔的重视，才让字节跳动在短时间内取得了成功。因为他既是一家企业的CEO，也是头号的HR，并且把人力资源的工作重心落在选拔这个环节上。

本书聚焦了企业的“选人”之道，透过一个个生动真实的案例，对人才选拔的理念、准备、内外部渠道、筛选技巧、面试技巧及背景调查等内容，做了全面而精要的介绍，每一个观点都是基于现实中人才选拔的管理实践提炼而成的，可以说给从事招聘和选拔工作的管理者提供了一套纯干货的参考指南。

本书受众群体非常广泛，包括企业高层管理者、人力资源工作者、各级业务和职能一线管理者，以及所有对管理工作感兴趣的职场人士。

作为三位作者的朋友和人力资源管理的践行者，我衷心地推荐大家都好好阅读这本书。相信它不仅可以帮助你打开新的管理视角，还能指导你建立有效的人才选拔体系，使企业在竞争激烈的商场上获得竞争优势。

余群建

高级人力资源管理师

浙江省知名人力资源管理专家

浙江大学总裁班、四川大学总裁班特聘讲师

浙江工业大学MBA导师

前言

“招聘难，招到人才更难。”这是我最近几年听到企业管理者说得最多的一句话。

2020 年 11 月，字节跳动在京斥资 50 亿元购置新办公大楼。2020 年 3 月以来，截止到它购置新办公大楼，全球员工人数从 6 万暴增至 10 万，仅校招名额就高达 1.2 万。在大家都说“招人难”的时候，字节跳动的员工人数反而大幅增长。

在字节跳动七周年的纪念会上，其 CEO 张一鸣就曾因为一份岗位 JD，公开批评公司的 HR。岗位 JD 的要求上有这样一句话：具有 5 年以上互联网产品经验，具有日活千万量级以上产品规划和产品迭代实施经验。

张一鸣对他们的 HR 说：“要按这个要求，陈林（创新业务负责人）、张楠［字节跳动（中国）CEO］，我们公司一大批 PM，一个都进不来，连我自己都进不来！”或许在一些管理者看来，这就是岗位要求过高，改一改要求就好，可张一鸣看到了问题的本质：HR 在偷懒。

他们没有根据实际情况，拟订符合公司实际的招聘岗位 JD，只是简单地套用网上的模板，如此工作就轻松多了。只因为 HR 的一个偷懒行为，就会直接导致大批符合公司要求的人才无缘公司。

招聘真的很难吗？确实，随着大环境的改变，招聘确实不再是以往那种简单的模板化、流程化工作，但也不至于无从下手。绝大多数时候，都是招聘管理者并没有将招聘环节的各项工作做到位，导致结果不好，给人的感受，自然就是“招聘很难”。

所以，企业要想招到人才，就必须先从自己做起，把招聘工作做到最好，让自己成为“磁石”，才能运用“磁石法则”，吸引到更多优秀的人才。

企业不能再抱着“守株待兔”的心态，指望求职者主动找上门，而要主动出击，让更多的人看到企业、了解企业，对企业感兴趣。就像本书中所讲的一个案例，张一鸣曾为了挖一位在微软工作过的资深软件工程师，通过线上线下各种途径对其进行了全方位的了解。经过两个月的深度接触之后，对方才同意加入字节跳动。

现在人才市场大环境一直在变，招聘也要与时俱进。只要能够促使招聘成功，提升招聘效率与成功率，任何值得尝试的事情，都是招聘工作者要加以考虑的。

在这本书里，我们从人才选拔理念、选拔准备、外部选拔、筛选技巧、面试技巧、背景调查、内部选拔和实操案例展示八个方面，详细介绍了人才选拔的每一个环节。每一章都配以丰富的图表，从实操的视角告诉大家每一个环节里需要注意的问题，并给出解决办法。

相信本书会帮助企业管理者和 HR 工作者把人才选拔这件事做得更好。不过，由于我们水平有限，书中若有不足之处，还望广大的读者朋友给予批评指正。在此向读者朋友表示诚挚的感谢！

董　超

2020 年 11 月

听书请扫二维码

目　录

第1章

人才选拔：不求完美，但求实用

1.1 动手能力比学历重要

当下很多企业管理者在选拔人才时，都将学历作为衡量人才的主要标准。例如，在企业内部的员工晋升、干部选拔中，即使是业务骨干，如果没有一纸文凭，依旧会错失各种奖励与提升的机会。

在一些人才现场招聘会上，几乎每家公司都将对学历的要求清楚地摆在首位，这使人们切身地感到，学历在人才市场的争夺战中成了唯一的通行证。学历在手，可以信马由缰，任意驰骋；没有学历，能力再强，也会将你拒之企业的大门外。

王明夫是中国著名的战略咨询专家和投资银行专家，身家几十亿元。有一天，他的一个博士同学找到他，让他帮忙介绍一下工作。这个同学对他说，自己找了很久都没有找到合适的工作。王明夫听罢，惊讶之余，给他指了一条明路：顺丰快递。

没想到博士同学听后怀疑自己是不是听错了，又问了一遍："到哪里工作？"王明夫郑重其事地说：顺丰！

博士同学感觉受到了奇耻大辱，怒斥道：“我一个堂堂的金融博士生，却让我干快递员，不想帮忙就不想帮忙，没必要这么羞辱我吧。”

这个同学再也没有联系过王明夫。此后王明夫再谈起这件事，分析为什么如今博士生找工作越来越难，原因就是眼高手低，光有理论知识，却没有动手能力。

2010 年 7 月，中国第一职业经理人、“打工皇帝”唐骏深陷“学历造假门”事件，成为媒体的焦点。“学历造假门”事件还罕见地引发了上市公司高管学历纠错的连锁反应，导致更多商界名人的假学历被曝光。

成功人士在奋斗的时候，可能学历都不是很高。成功之后，为了“门面”，就可能存在造假的行为。但是，学历的高低并不妨碍他们的成功。因此，企业管理者对于学历问题要学会辩证看待。

首先，学历只表明一个人所受教育的程度。固然受教育程度越高，理论知识就越系统，眼界就越开阔，整体素质就越高，而高素质又是一个人成功的基础，但并不是说，高学历必然带来成功。否则，每年毕业的数以万计的名牌高学历者就不会为找工作犯愁了。

其次，学历固然重要，但是并不等同于动手能力。

飞机的发明人莱特兄弟，哥哥威尔伯 10 岁就因故辍学，弟弟奥维尔也不比哥哥学历高。鼎鼎大名的爱迪生是列车上的一个报童，一生做出了 1000 多项发明。所以，企业管理者不能单纯地把人才的学历与能力等同起来，要看到文凭与能力、知识、技能的差异，仅凭一张文凭，便把一个人安排到一定的位置上，其效果并不见得好。

唐代诗人韩愈通过《马说》强调了一个观点：伯乐常有而千里马不常有。作者借“千里马”不遇“伯乐”而辱于奴隶人之手、骈死于槽枥之间来比喻自己怀才不遇明主的遭遇，实在再恰当不过了。

所谓人才，是指具有能力者。每个人都有自己的优势和特长，只要看清自己的优势并加以发挥，就能在擅长的领域做出贡献，每个人都可能是人才。人才未必声名显赫，未必拥有高学历，未必来自名牌大学，也未必就是“海归”。

把合适的人放在合适的岗位上，做到人尽其才、才尽其用，便是正确科学的人才选拔之道。关于这一点，我们可以从国内一些优秀企业家身上学习。

腾讯公司的一位员工，家庭贫困，大学尚没有毕业，凭自身努力才加入腾讯。虽然工作做得不错，但他仍然忐忑不安，到底是留在腾讯继续工作还是回到学校深造，他感到十分为难。

于是这名员工便写了一封邮件，详细说明了自身情况，向马化腾请教该怎么办。马化腾非常认真地回复了这位员工，在邮件中他提出，学历并不是衡量一个人的标准，有能力不怕找不到工作。如果这位员工觉得人生需要有一段完整的经历，而继续自己的大学学业的话，只要在团队考核评级中达到优，就能在腾讯“挂号”，将来随时可以回到腾讯。

从两人互动过程中我们发现，马化腾的用人标准就是“不拘一格降人才”，这也是腾讯的用人理念。在这种理念支持下，腾讯网罗各方英才，打造出了中国一流的团队。

作为一名合格的管理者，若想替企业广开才路，招募选拔时挖掘出人才“冰山”下的实际能力，需关注以下四点，见图 1–1。

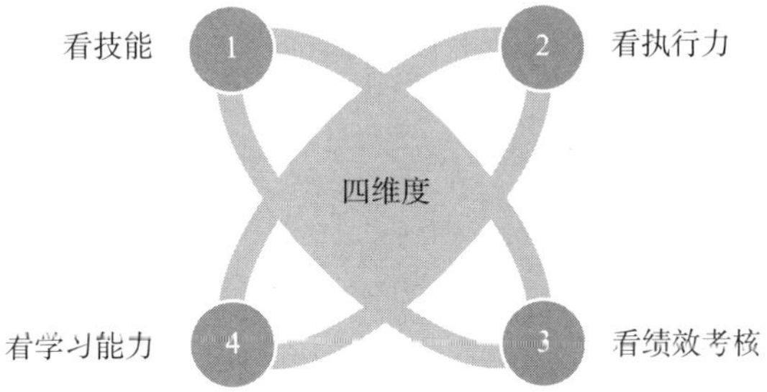

图 1–1　综合选拔员工的四个维度

1. 看技能

在选拔人才时，管理者可以设立灵活的人才选拔机制。应注重员工工作过程中所需要的知识、技能、能力以及工作态度。有位人力资源主管在招聘时，提出了“1+”的选拔方法。所谓“1”就是学历，如果有学历，便可以获得“1”分；但技能过硬，便可以加1分；如果态度十分认真，继续加1分。因此，即使员工没有学历，应聘时也可能得到“2”分的成绩。凭借“1+”的招聘方法，企业选拔了一些没有学历，但是能力出众的人才。而这些人才，当初因为学历处处碰壁，是这家公司给了他们机会，所以他们用努力工作来回报。

2. 看执行力

管理者经常会遇到这样的问题，明明自身的决策没有错，但是落实到工作中却漏洞百出。这就涉及一个执行力的问题。管理者需要执行力超强的员工，他们堪称管理者的左膀右臂，能帮助管理者落实每一项决策。

3. 看绩效考核

作为管理者，必须在管理范围内推动行之有效的绩效考核，因为绩效考核能最直观地看到员工的能力发挥。以此为标准，做到人尽其才，合理安排员工，进而调动员工工作的积极性，有利于公司战略目标的顺利实现。

4. 看学习能力

每一个员工必须具备良好的学习能力。学习能力能应对变幻莫测的市场环境。假如员工的学习能力强，即使学历低，他也会在后续的职业发展中迎头赶上，实现弯道超车。因此，管理者在实践中要充分发掘员工的学习能力，从而进行人力资源的有效整合。

管理者选人用人，当选贤用能，既要看“学历”，更要看“能力”，如此才能选出真正的“千里马”。

1.2 独特长处比短处重要

美国南北战争期间，林肯先后选用了四个将军，他们都没有什么明显的缺点。尽管北方军队有人力、物力上的绝对优势，但从1861年到1864年三年多的时间里，却屡屡受挫。与此相反，南军首领罗伯特·李手下的每一位将领，从杰克逊开始，几乎每个人都有各自严重的缺点，但是他认为这些缺点不碍大局，而他们每个人也各有所长。林肯所任用的“完美无缺”的人一次又一次败在罗伯特·李将军的“缺点”将领的手下。

林肯总统觉悟了，他开始任命满身是“缺点”的格兰特将军为总司令，格兰特将军嗜酒如命。林肯也知道嗜酒误事，但是他更知道在北方军队所有的将领中，只有格兰特能运筹帷幄，以往的战绩也证明他能决胜千里。对格兰特将军的任命，正是美国南北战争的转折点。

上述案例表明，在选拔人才上，管理者应更加注重人才的长处而非短处。日本著名企业家松下幸之助认为：最好用七分的功夫去看人的长处，用三分的功夫去看人的短处，这样较为妥当。这提醒管理者在选人时，要会看人的长处。管理者如果以“鸡蛋里挑骨头”的态度去选拔人才，久而久之就会发现周围没有可用之人。

清晰地辨识每个人的长处并不是一件容易的事。管理者应认清两个事实：其一，每个人都与众不同，拥有自己与生俱来的独特长处；其二，每个人最大的成长空间在于，充分发挥其长处而不是弥补其短处。

首先，管理者在选拔人才时要培养“长处思维”，以下是一些可供参考的具体实践方法，见图 1–2。

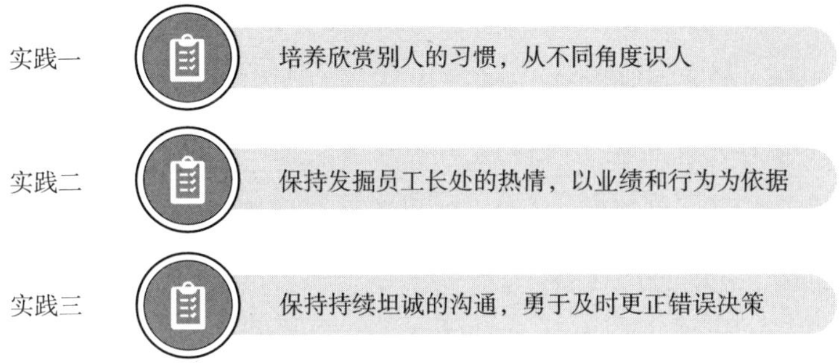

图 1–2　选拔人才的“长处思维”可实践的方面

1. 培养欣赏别人的习惯，从不同角度识人

欣赏别人既是一种意识，也是一种习惯，并且这种习惯可以通过强化行为来养成。比如，管理者在选人时可以先发掘对方的长处，并自问是否发自内心欣赏这些长处，然后再看有哪些短处会阻碍这些长处的发挥。假如发掘不出长处，就不做评价，因为此时的评价一般不客观、不具有建设性指导意义。

2. 保持发掘员工长处的热情，以业绩和行为为依据

对于新招募进来的员工，管理者不必过分依赖自己的主观判断，也不要急于定性，要永远保持挖掘员工长处的热情。发掘员工的长处，不能仅凭他说了什么，更要看他做成了什么。毕竟语言具有局限性，某些时候甚至还有极大的欺骗性。要以员工投入工作后真实的业绩和实际行为作为标准，才是辨识长处真正的依据。

3. 保持持续坦诚的沟通，勇于及时更正错误决策

坦诚的沟通能缩短管理者挖掘新员工长处的时间，无论是在面试环节还是在入职后的培训中都很重要。管理者要带动下属积极参与沟通，保持这种沟通的前提在于双方之间相互信任的关系。

任何组织都不可避免会出现选人环节的人事决策失误，关键在于管理者是否有勇气直面现实并做出果断决策。每一个职位都需要独特的长处（如诚实之于高级管理人员），一旦确认任职者不具备这些长处，必须快刀斩乱麻，立即进行调整。

其次，管理者在招募人才时不仅要注重表面优点，更要挖掘内在潜质。

有管理学研究表明，高潜人才可贡献的价值是非高潜人才的两倍。对企业而言，短期内高潜人才也许未必能取得管理者所期待的高绩效，但从长远发展来看，他们具有更加广阔的发展空间，是企业打好人才战争的关键筹码。

高潜人才的识别需要从思维、行为、结果三个层面去评价，见图 1–3。

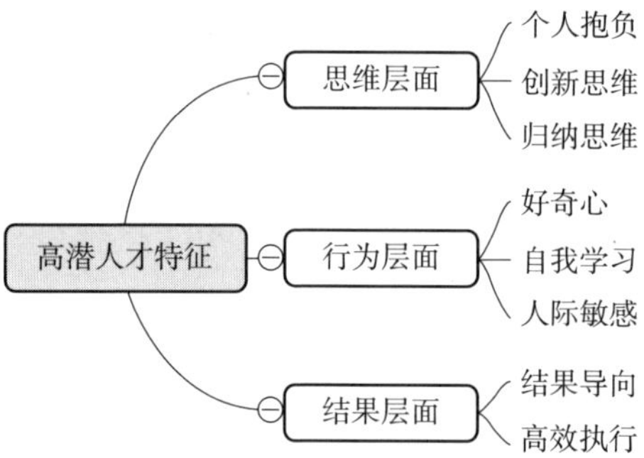

图 1–3　高潜人才的特征

1. 个人抱负

个人抱负是员工的志向和理想，个人抱负水平的高低，决定了其行

为要达到什么程度。远大的抱负，会让他们采取最佳的行动，这是高潜人才的本质特征。

2. 创新思维

很多人都有复制能力，却未必有创新能力。要判断一个员工是否有创新思维，关键看他是否敢于打破常规，独立思考，不受条条框框的约束。

3. 归纳思维

归纳思维，就是善于通过已知信息的属性来推导出结论。如果管理者需要考察招募人选的归纳思维，就可以给对方一段零散的文字信息，让他进行归纳总结，根据最终结果，就能大概了解人选的归纳思维。

4. 好奇心

要判断一个人的好奇心大小，一看其对待新事物的态度，假如他只对自己的“一亩三分地”感兴趣，就说明好奇心较小；二看其是否有“打破砂锅问到底”的行为。

5. 自我学习

自我学习是 21 世纪个人发展的必备能力。假如不具备自我学习能力，一个人很快就会被淘汰，高潜人才就更需要这点。

6. 人际敏感

判断一个人的人际敏感，主要看是否具有高情商。管理者可以在与候选人沟通交流的过程中，感知其情绪变化，假如对方抱有同理心，能够达成良好的沟通结果，就较为符合特征。

7. 结果导向

结果导向，是指员工在工作中无论做什么事情，都会考虑希望得到什么样的结果。具有结果导向的人，由于始终装着要实现的结果，无论遇到多大困难，都能够克服，从而达成目标。

8. 高效执行

高潜人才，都具有高效执行力。高效执行不仅仅是将方案执行下去，而且要高质量地取得成功。

所谓“天生我材必有用”，每个人身上既有长处也有短处，管理者在人才选拔上更应看到优点、挖掘潜质，如此才能为组织的可持续发展提供人才保障，并让英雄有用武之地。

1.3　工作态度比短期成绩重要

我朋友初中辍学，在批发市场打过好几份工，长年摸爬滚打，事业也算小有成就，就在去年正式挂牌成立了公司。

公司需要组建团队，他信奉的就是初创公司要有一批能力强悍的员工，能够快速打开市场。在这种用人指导思想下，他招了几个人。

其中有个销售，履历很漂亮。入职后工作成绩甚是让他满意，但慢慢也发现，这个销售态度很差。仗着自己有些本事，经常不听指挥，甚至会和客户起冲突。

原以为我朋友会对这个员工束手无策，没想到他毫不犹豫地把他开除了。他果断的行事风格，让我很是诧异。忍不住好奇地问了一句，他只跟我说了一句话："我在批发市场起家的，见过了太多能力好而态度差的人，他们最终都成了最大的麻烦。"

我佩服他判断准确之余，也深知实践的重要性。很多一直在公司里稳步上升的领导，反而没他看得通透。以为只要团队员工能出成绩，态度差点也无所谓。殊不知，这样的员工，最终给自己造成的麻烦非常之大。比起员工短期的成绩，长远的工作态度更重要。

企业在对员工进行分类的时候，可以从工作态度和工作成绩两个维度将员工分成五类，见图 1–4。

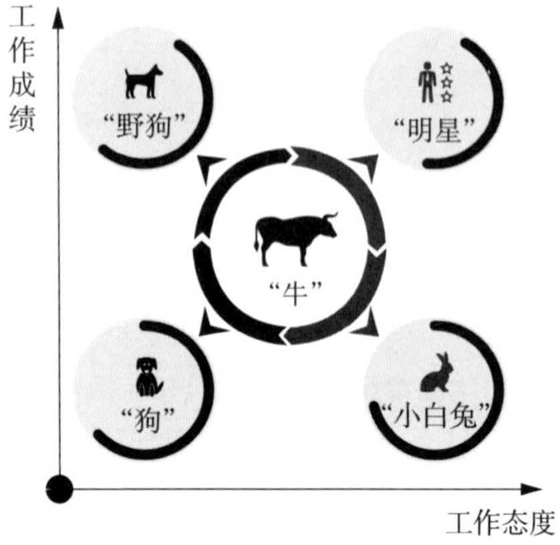

图 1–4 五种类型员工

工作态度不好，成绩也不好的，视为“狗”型员工。工作态度好，成绩不佳的，视为“小白兔”型员工。工作态度不好，成绩很好的，视为“野狗”型员工。工作态度好，成绩也好的，视为“明星”员工。在企业里面，最多的员工，是工作态度一般、业绩也一般的“牛”型员工。企业都想要“明星”员工，但显然“牛”型员工才是企业的主力军。

在这张图里，企业最应该关注的是“野狗”型员工。因为他们业绩好，比肩“明星”员工，但是态度很差。这个时候企业管理者犯难了，究竟要不要此类员工呢？答案是，很多企业都会要。理由很简单，只要能够产生业绩，其他的也就不那么重要了。

当真如此吗？实际上这种用人方式，只在企业处在生存期的时候适用。此阶段的企业，不需要考虑太多的条条框框，只要员工能够产生业绩，给企业带来直观的经济效益，让企业得以存活下去就足够了。但是，有两点需要注意：一是此类员工不能太多，相比其产生的价值，多了带来的破坏性更可怕；二是一旦脱离生存期，开始发展，就要极力避免招聘此类型员工，甚至需要把已经存在的员工开除掉。

这里面的思考逻辑其实非常明显了，就是员工的态度要比他所能做出来的成绩更加重要。

态度是一个人价值观的部分体现。一个人的价值观如果与企业的价值观不相吻合，最终的结果不可能好。终有一天，双方会产生矛盾，给企业带来直接的经济损失。

我们公司之前招聘过一个销售总监，销售能力非常强，在他的带领下，整个分公司的销售业绩翻了三倍，为公司争取到了足够的发展空间。

但是此人极具个性，一旦个人想法和公司理念有不合的地方，就会非常明显地表达出来。鉴于他的销售能力，公司没有多说什么。可后来公司调整组织架构，对岗位名称做了批量调整，把他的岗位名称从“销售总监”更改成“华中销售负责人”，他个人以“未事先通知”为由，与公司发生劳动纠纷。

最终，以公司赔偿 20 万元让他离职而告终。

在后来的年终总结上，公司老总当着所有管理层的面说，公司成立以来，最大的一个错误，就是招聘进来一个态度不行的员工。在场的都知道总经理说的是谁。之后公司的招聘，都会把员工的态度作为一个重点考察维度，只要判断出员工的态度有问题，就会一票否决。

为什么员工的态度会如此重要，甚至盖过了成绩？

这是因为员工的工作态度好，才能为企业创造长期效益。企业要的是员工能够源源不断地为企业带来价值，而不是凭借着一时的能力所取得的那点儿成绩。

随着企业发展以及整体经营环境的不断变化与优化，每个员工都无法保证自己一定能在任何阶段都完全胜任企业的工作。如果员工态度不好，就不能够与企业保持一致的步调，也就不能在做出贡献的同时，按照企业的要求逐步提升自己，让自己具备持续的胜任力。员工能够做出贡献的时候看不出问题，可一旦做不出来了，又不能按照企业的要求去成长，甚至会因为态度问题与企业“唱反调”，就会从业绩贡献者变成业绩阻碍者。

有些企业管理者是深谙此道的，但在碰见这类员工的时候，还是会抱着侥幸心理把他们招聘进来，因为在他们心里，他们的贡献足以和“明星”员工持平，放过了他们实在是太可惜。之所以如此，是因为这些管理者没有意识到企业需要的是真正的“明星”员工，而不是他们的“替代品”。另外，“明星”员工也并不是企业的主力军，真正的主力军，还是“牛”型员工。

因此，企业在招聘新员工的时候，一定要谨记下面这四点，见图1–5。

图 1–5 招聘新员工的四个要点

1. 明确企业所处的生命周期

企业除了生存期外，其他阶段不宜招聘“野狗”型员工。这需要管理者先明确企业的生命周期，再来决定要不要“野狗”型员工。至于要多少，当然是越少越好，因为等企业发展起来了，再想把他们开除，就会成为一件麻烦的事情。所以，管理者要根据企业实际情况量力而行，这样最为妥当。

2. 重点关注“牛”型员工

“明星”员工可遇而不可求，不应成为企业的招聘重点，特意花时间反而是一种浪费的表现。但“牛”型员工普遍存在，只要具备足够的动手能力以及岗位匹配度，就能够为企业所用。另外，招聘本就只是用人的一个环节，在员工具备岗位胜任力的同时，如何通过全方位培养让其得以成长，才是企业更应该关注的问题。

3. 态度预示着员工的潜力

态度不好的员工，根本无从谈“潜力”二字，因为他们往往比较自负，以自我为中心。而态度好的员工，同样具备潜力。但并不是所有态度好的员工都是有潜力的员工，企业之所以要做招聘挑选，就是为了挑选出符合公司要求、有潜力的员工，而态度好的员工，往往在公司的培养带动下，能够更好地激发出内在潜力。所以企业在挑选员工的时候，要看潜力，而不应该只看短期效益。

4. 挑选的本质在于志同道合

员工的态度折射出来的是对企业的认同。既然员工都不认同企业了，还要招进来，难道不是很明显会发生不愉快的事情吗？企业文化氛围的破坏更具摧毁性，就是因为破坏次数少、威力大，更容易引起员工的注意。鉴于此，能将破坏提前预知，进而有效干预与控制，是再明智不过的选择了。

总而言之，企业在挑选候选者的时候，要看成绩，也要看态度。顾此失彼，皆有不妥。如果没成绩，换人也就好了，可没了工作态度，再想换就难了。

1.4 懂得合作比单打独斗重要

美国一家500强公司在某次招聘高层管理人员时，9名优秀应聘者经过初试，从上百人中脱颖而出，由公司老总亲自把关复试。老总看过9个人的详细资料和初试成绩后，相当满意，但此次招聘只录取3个人，因此老总给应聘者出了最后一道题。

这9个人被随机分成甲、乙、丙三组，指定甲组的3个人去调查本市婴儿用品市场，乙组的3个人去调查妇女用品市场，丙组的3个人去调查老年人用品市场。他们出发前，老总告诉他们，为避免盲目开展调查，公司秘书已准备了一份相关行业的资料，各组可自行到秘书那边去取。

两天后，9个人分别将市场分析报告交给老总。老总看完后，站起身来，走向丙组的3个人，与之一一握手，并祝贺他们被录取了，看到众人疑惑的表情，老总笑笑，请他们打开秘书给的资料相互查看。

原来，每个人得到的资料都不一样，甲组3个人得到的分别是本市婴儿用品市场过去、现在和将来的分析，其他两组也类似。丙组的3个人比较聪明，互相借用了队友的资料，补充了自己的分析报告。而甲、乙两组的6个人却分别行事，抛开队友，各自完成自己的报告。他们应聘失败的原因在于没有团队合作，忽视了队友的存在。

现代企业比以往任何时候都需要协作精神，资源共享、信息共享，这样才能够创造出更高质量的产品以及提供更高质量的服务。特别是团队成员之间，每个人都具有自己独特的一面，取长补短、互相合作所产生的合力会大于两个成员力量的简单相加。

在企业实践中，许多管理者都希望找一个或几个既能独当一面、挑起大梁，又有极高忠诚度的员工来减轻自己的负担，使企业达到最佳的运作状态。然而，这只是一种理想化的状态，因为这样的人才并不多，原因有三个方面：

其一，具备上述条件的员工通常是企业里长期培养的优秀人才。培养这样的人才并不容易，首先员工自身需要具备较好的基础和潜质，其次管理者要对他们进行长时间的培训和考察。在这漫长的培养过程中，往往又会出现人才流失，因为当他们具备了独当一面的能力时，很可能会另攀高枝或者自立门户。

其二，在职场上能独当一面、挑起大梁的人，未必就是管理者能信任和依赖的人。由于新招聘的人员接触公司的时间不长，缺乏对公司的深入认识和了解，难以对组织目标产生较高的认同感，当其个人目标与组织目标发生冲突时，便会有自己的打算。人才忠诚度不高，是企业中普遍存在的问题。

其三，任何一个团队都是由多种性格类型、各种专长的人才组成的，所谓术业有专攻，几乎不可能出现面面俱到的人才。三国时期，蜀国之所以灭亡，正是过分依赖诸葛亮的缘故，尽管臣民都在称赞“丞相真乃神人也”，但当诸葛丞相鞠躬尽瘁之际，蜀国也因后继无人而导致灭亡。所以，企业管理者必须吸取这样的教训。

管理者在选拔人才时，一定要注重候选人团队合作的能力，而非个人单打独斗的能力。团队合作不仅强调个人的工作成果，更强调团队的整体成果。团队所依赖的是集体讨论和决策，以及信息共享和标准强化，它强调通过成员的共同贡献，就能够得到实实在在的集体成果。具有团队合作精神的员工通常具有以下五个方面的特征，见图 1–6。

图 1–6　具有团队合作精神员工的基本特征

1. 目标一致

具有团队合作精神的员工愿意花费大量的时间、精力来讨论、制定他们共同的目标，并且以后不论遇到何种困难，这一共同目标都会为团队成员指明方向。

2. 承担责任

这类员工愿意为团队的整体绩效负责，在实际工作中，即使犯了错误，他们也勇于承担属于自己的责任，而不是相互推诿。

3. 关系融洽

团队成员之间能够互相支持，善于沟通，彼此之间坦诚相待，相互信任，并勇于表达自我。

4. 齐心协力

团队成员能够为实现团队目标做出共同的承诺，进而为了共同的目标努力工作，并在工作中相互协调配合。

5. 行动统一

团队合作意识强的员工，懂得平等地分担工作任务。此外，他们可以在如何制定工作进度、如何开发、如何解决矛盾冲突，以及如何做出或修改决策等方面达成共识，统一行动。

明确了上述特征后，管理者在招聘面试时可从下列四个维度进行考察：

（1）候选人过往的经历

候选人过往的经历，能让管理者预测候选人在未来的工作中，将会如何进行团队合作。例如，在面试中，让他们描述过去通过团队合作取得了怎样的成绩、自己扮演了哪种角色、遇到冲突时又有何反应等。

（2）候选人的沟通能力要强

沟通能力强的员工往往在团队中更有效率，例如，他们会避免重复地发送电子邮件来解释或安排一些事情。

（3）候选人的合作能力

管理者可以在群体性面试中设计一些突发性比较强的“意外情况”，来观察候选人的应对情况，从而辨别他们的合作能力。

（4）候选人是否有同理心

具有同理心思维的候选人的团队合作意识会更强。因为他们能站在他人的角度思考问题，并选择对团队整体更有利的方案去行动。反之，那些态度专横的人往往不能较好地进行团队合作。

一支想要取得好成绩的足球队，需要的不是11个能够进球的前锋，而是有守门员、后卫、中场、前锋的综合队伍。企业管理也是如此，管理者在选拔人才时不能只看重其个人单打独斗的能力，更要考察其团队合作能力，如此才能打造出一支真正有战斗力的队伍。

1.5　影响他人比只顾自己重要

在一期职场综艺《令人心动的 Offer》中，一名叫何运晨的选手，是个实打实的“学霸”。他思维缜密，专业能力也可圈可点。在队友出错时及时补救，帮助大家理清了思路。按理他的表现会得到第一名，可结果排在第一的并不是他。

究其原因，是一个小细节。原来，在和客户交流的过程中，何运晨看起来很投入，不断回应对方。但在整个流程里，他习惯主导对话，对方还没说完，就被他的回应给打断。看起来，他是要表现自己，但频频被打断的委托人，一直是在被动地描述情况。

旁边的领导把一切看在眼里：“你给我的感觉，是听都没听，就做出了反应。”在职场里，相比不断接话自说自话的“捧场王”，更需要的是一个能够影响他人的人。通过打断对方以及用反问的形式来表现自己，留给对方的印象反而变成了强势和只顾自己。

何运晨没有听完对方所说的话，就急于表达，为了直达自己的目的，而忽略了对方的表达，不仅让对方觉得不舒服，沟通不畅，也给工作进展埋下了隐患。

反观拿到第一名的实习生，看似专业度不及他，可恰恰却在认真倾听客户的需求，而不是把自己放在第一位，用自己的专业去影响客户，赢得客户的尊重，为公司带来了客源，赢得了口碑。

作为企业管理者，在招聘新人的时候，要善于通过求职者面试时的表现，考察出求职者是以自我为中心，还是能兼顾到团队成员以及周围人的感受。急于表现自己的人，一来是不自信或者过于自负，二来也是“眼里无他人”。此类求职者或许能够成为“野狗”型员工，但绝不是“明星”员工。

果壳网 COO 姚笛曾分享过一个关于他自己的真实经历。

2006 年，他在雅虎阿里巴巴负责一个产品部门，团队刚刚完成了一次新产品发布，团队成员都很拼，工作完成得也不错，但他在管理上比较苛刻，就没有及时地表扬大家。

他们团队中的一个产品经理，就给他发了一封很长的邮件，邮件开头简单地说：姚笛，这次项目完成得不错，大家也很辛苦，应该鼓励。可能你太忙顾不上，我就帮你写了一封邮件，你要觉得合适，简单改改就可以直接发给大家，给大家打打气。他看完信之后很受触动，庆幸有这么一名下属在关键时刻提醒自己。

这个案例里，最让姚笛感动的其实是邮件后面那句话：“我就帮你写了一封邮件，你要觉得合适，简单改改就可以直接发给大家……”

如果这名经理直接把邮件发出去，看似也是在替姚笛考虑，其实更多的是在彰显自己的能力，夺了姚笛的工作，也就是用一种看似没问题的方式在训斥姚笛的不作为。这就是一种只顾自己的表现。

在职场打拼，员工个人影响力决定着他未来的发展。照顾到同事或领导的心情，工作提议能让人眼前一亮，决策能让团队和领导信服，这些都是一个员工应该具备的影响力。

那么，管理者在选拔人才的时候，通过情景化面试，或者角色扮演等方式，挑选能够影响他人的候选者，究竟可以从哪几个维度去考察呢？下面这六点，值得注意，见图 1–7。

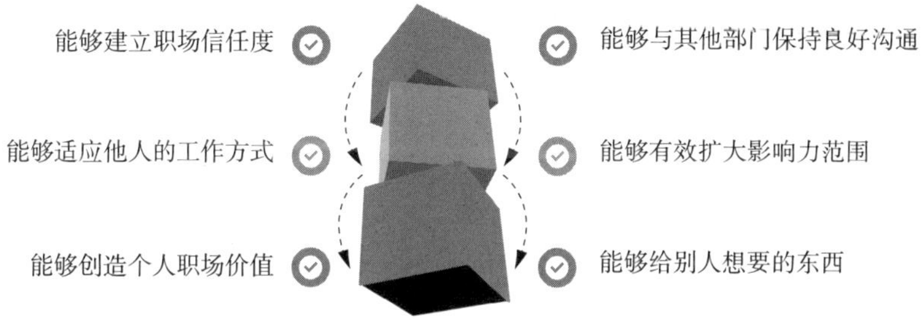

图 1–7　善于影响他人的员工具备的特征

1. 能够建立职场信任度

现代职场，我们听到最多的就是“职场如战场”，许多人认为职场没有真正的友谊。然而现实的职场又是一个讲究合作的地方，只要有合作，那么就必然需要双方之间建立信任关系，从这个角度看，一个能够建立职场信任度的员工，更有可能在团队中高效完成工作任务。

2. 能够适应他人的工作方式

一个富有适应力的员工，加入新团队后，能快速地适应该团队的组织氛围、工作目标及人际互动模式，并根据他人的工作方式来主动调整自己的思维方式和行为模式，最终较好地融入团队，也能被组织所接纳。

3. 能够创造个人职场价值

比尔 · 盖茨说：能为公司赚钱的人，才是公司最需要的人。对于一家企业来说，无论什么时候，竞争如何激烈，总缺少一种人，那就是真正能创造价值的人。员工为企业创造价值，才能得到相应的报酬，才能实现人生的价值。这里所说的价值，并不单单指自己能为企业创造价值，还包括帮助同事和团队一起创造价值。

4. 能够与其他部门保持良好沟通

在企业中，部门之间好像存在一堵厚厚的墙，人为设置了很多障碍，进而影响到企业的经营效率。有些员工之所以不愿意跨部门沟通，是因为只考虑自身利益，没有站在全局的角度思考，因此与其他部门保持良好沟通也是一项十分重要的能力。能够进行良好的跨部门沟通，说明员工个人能够得到他人的认可，进一步可以得出，其个人能够有效地影响到他人，才能被他人所接纳。

5. 能够有效扩大影响力范围

著名现代成人教育之父、人际关系学鼻祖卡耐基先生，在他的一篇著作中说道：一个人的成功 20% 来自专业技能，80% 来自影响他人的能力。当团队遇到一件事情无法向前推进的时候，抛开性格因素，能够改变团队的人，除了相应的专业能力外，最大的特点就是别人愿意按照他的意见去做，换句话说，他能够影响到身边的人并将这种影响力扩大。

6. 能够给别人想要的东西

职场上，每个人都有其比较偏重的追求目标，例如，有人追求成就，有人追求职位，还有人追求融洽的关系与真诚的友谊。假如某位候选人在过去的团队工作中，能觉察他人的需要，并及时给予响应，那就说明他已经初步具备了管理者的潜质。

对企业来说，对管理者的期待便是了解员工各种不同的需求，以便为他们创造条件，激励他们实现更高的目标。

管理学家斯蒂芬·P. 罗宾斯认为：团队就是由两个或者两个以上的，相互作用、相互依赖的个体，为了特定目标而按照一定规则结合在一起的组织。因此，团队里的每一个个体，必须能够做到相互影响，如此，团队才能称为组织，而非个体的集合。

第2章

选拔准备：准确画像，筛选加速

2.1　查漏补缺，做好人才盘点

几年前，我们曾给一家建筑行业的大型集团公司做过咨询，该企业经营业绩稳定，员工上千人，涵盖技术人员、管理人员、基层劳务人员等多个层次类型。随着集团的快速发展，其内部员工人浮于事的问题日益明显，一些关键性岗位与人才并不匹配，存在人员不能胜任岗位、大材小用、有事无人做等现象，整体的工作效能没能得到充分发挥。

通过调研，我们发现该企业的真正问题并不在于“缺人”，而是缺少多渠道、多维度、全方位评估内部员工的有效机制，如何真正实现“人岗匹配”成了集团管理者的难题。

在企业管理实践中，有的管理者认为“能力导向”最重要，只要员工能把岗位工作做好就行，而有的管理者认为还必须考虑综合素质，虽然员工能力不错，但若不遵守纪律，或者领导交办的工作也不认真完成，那么这种类型的员工也不能委以重任。

之所以出现这样的困扰，关键是企业未对内部人才结构进行系统的盘点，也未建立明确的人才评价标准。

人才盘点，顾名思义就是对企业人才的盘点，对企业全员的盘点。企业需要做人才盘点，但是并不是每家企业都非常清楚怎么做人才盘点。

我的一个朋友在一家企业从事人力资源管理工作，有一次公司老板刚参加外部培训回来，便让她牵头开展人才盘点项目。然而她从未接触过人才盘点工作，只好依据自己的理解去实施。

耗时一个多月，她将全公司人员信息进行了梳理，并设置了不同字段，如学历、岗位、职务、入职时间等，最后汇报给老板后却挨了批评。这样具备基本信息的一份全员表单，并不是人才盘点，它只不过是一份员工花名册。

想要做好人才盘点，管理者首先必须理解人才盘点的概念。比如，在超市运营中有一个关键环节就是商品的盘点。通过盘点，超市老板可以了解到有哪些库存商品、还缺哪些商品以及每种商品的销售趋势等信息。因此，将商品盘点的思路应用在企业人才管理中，便形成了狭义的人才盘点定义：了解组织有什么样的人、还缺哪些方面的人，以及目前员工具备以及缺乏的能力素质有哪些。

若超市在商品盘点之后形成了补货计划、现存货管理计划以及未来商品战略调整计划，则又引出了广义的人才盘点定义：审视现在和未来组织所需的人才与技能，并以公司战略为导向，打造与组织未来发展相匹配的人才。归纳上述内容，人才盘点的概念，即基于组织战略来定义人才、识别人才和培养人才的行动。

如果将现代企业发展的条件看作两个咬合转动的齿轮，那么一边是组织，另一边是人才。若组织发展更快，而人才发展跟不上，会使得组织人才缺失，发展受阻；反之，若人才发展更快，组织发展却相对缓慢，则会造成人才过剩、职业倦怠。人才盘点作为预见、规划、发展人才的一个专业性项目，在企业管理实践中发挥着重要的作用，主要体现在以下三个方面，见图 2-1。

图 2-1 人才盘点的三个作用

1. 人才盘点能够有效支撑企业战略目标的实现

我曾调研过一家需要进行外延式扩张的传统集团公司，每次有新的并购项目要上马，老板和人力资源总监都为派不出管理团队而发愁。好不容易找出一个人选，公司上下的声音还不一致，有人赞同也有人反对。或者人才是派出去了，却发现他在新岗位上“水土不服”。

这些问题一度导致公司没法推进外延式扩张的战略。此后该公司进行了人才盘点，提前发现了相关的人才，再将这些人才分门别类地进行培养和管理，对企业战略的推动起到了非常大的促进作用。

2. 人才盘点是一次全面的人才体检

人才盘点其实就是一次人才的体检，能够帮助管理者了解组织人才的现状，即明确知晓目前哪些岗位的人才充足或不充足，未来还需要哪些类型人才；哪些人才能够胜任或不胜任目前的岗位，未来又是否可以承担更高层次的岗位职责。在盘点过程中，还有助于形成企业内部统一的人才评价标准，并应用在人力资源招聘配置、绩效管理、培训开发等各模块。

3. 人才盘点能帮助员工制订职业发展计划

在人才盘点中，我们需要对人才进行综合素质的评估。依据这些评估结果，结合员工个性化的职业需求，管理者可以为关键人才或高潜人才量身定制发展计划。这样的发展计划针对性更强、有效性更高。

几年前，我们曾实施过一项针对高潜力年轻人才的盘点项目，行政部有位员工提出希望自己能够转岗去业务部门做销售。

尽管从职能部门到业务部门，看似跨度很大，但经过综合评估，我们认为他的业务敏感度、市场分析、人际沟通等能力都不错，于是就为他量身定制了为期一年的转岗发展计划，包括前期辅助业务项目、参加产品知识培训、资深业务经理担任其教练等。

事实证明，他转岗很成功，还拿到了最佳销售新人奖。

明确了人才盘点的概念和意义，接下来管理者应该考虑的是如何有效开展人才盘点。专业的方法有多种，但只有适合自己企业的才是最有效的，以下分享人才盘点的“五步法”，见图 2-2。

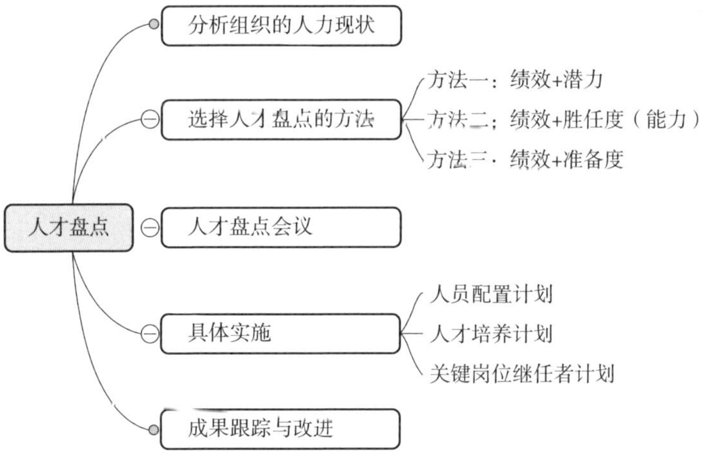

图 2-2　人才盘点“五步法”

1. 分析组织的人力现状

在开展人才盘点前，管理者应先对人力现状进行盘点，从组织架构、部门及岗位设置、业务流程等层面去检视、评估，找出问题，分析人力现状是否能够支撑组织的发展。比如，目前有哪些岗位人员空缺、哪些岗位人员富余；岗位的设计与分工是否合理，如不合理，该如何改善；组织效率的最大化是否实现；等等。

2. 选择人才盘点的方法

每家企业对人才的要求都不尽相同，每个岗位对人才的要求也不一样，在这种情况下，只有基于人才标准的准确定义，才能做好人才的盘点。如何确定人才标准，无外乎围绕以下四个方面确立，见表 2–1。

表 2–1　人才盘点的四个标准

序号	标准	说明
1	绩效	员工的投入产出结果
2	胜任度	员工的能力和发展方向与职位要求和标准的吻合程度，有时候也叫能力
3	准备度	员工接受某项具体工作表现出来的意愿和能力水平
4	潜力	员工将来能够做好事情的可能性

绩效代表员工过去的行为和结果，胜任度代表员工今天做得怎么样，准备度代表员工明天可能会怎样，而潜力则代表员工未来会怎样。

有了人才标准，也就有了衡量人才的尺子，接下来就是解决如何评价人才的问题，也就是人才评价方法。根据过去预测未来的思路，人才盘点根据盘点目的可以有三种不同的评价方法：绩效 + 潜力、绩效 + 胜任度（能力）、绩效 + 准备度。

（1）绩效 + 潜力

该方法使用了管理者非常熟悉的“九宫格”图，从绩效和潜力两个维度展开，分为九个区域，对员工进行评价得出结果后，再将人员放入九个格子中去，见图 2–3。

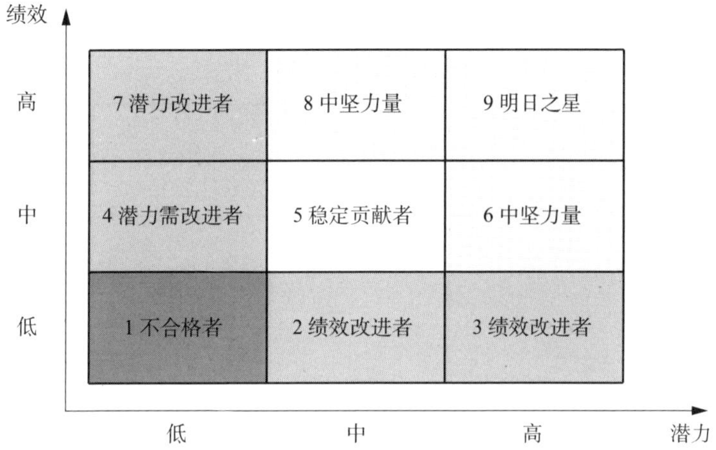

图 2–3 “绩效 + 潜力”模型九宫格

潜力评估是人才盘点中最难衡量的。员工的潜力是未来能做好事情的能力，必定离不开持续的发展与学习。因此，学习敏锐度是衡量潜力的最佳工具，共有四个维度可评估，见表 2–2。

表 2–2 学习敏锐度的四个维度

序号	维度	说明
1	心智敏锐度	指员工从不同的角度思考问题，从容面对复杂和不明确的事态，并能向他人阐明自己的观点
2	人际敏锐度	指员工具有良好的自我认识能力，从经验中学习，建设性地对待他人，并且在变化的压力下冷静而具有适应性
3	变革敏锐度	指员工对事物有着好奇心，对新鲜的想法富有激情，愿意尝试有待检验的事情，并致力于积累技能的活动
4	结果敏锐度	指员工在困境中获得结果，激励他人超常表现，并表现出一种对他人的信任

绩效评估可以参照企业绩效考核的规则。比如，考核结果等级按 A、B、C、D 分，A 为高，B 为中，C 为低，D 则直接淘汰。

（2）绩效 + 胜任度（能力）

该方法也是运用九宫格，和“绩效 + 潜力”方法的区别在于将潜力维度替换为胜任度（能力）的维度，见图 2–4。

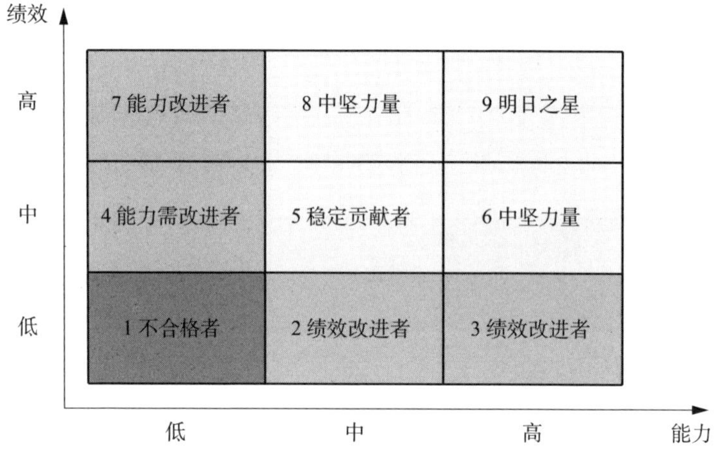

图 2–4 “绩效 + 胜任度（能力）”模型九宫格

（3）绩效 + 准备度

该方法的评价标准可分为绿灯、黄灯和红灯。绿灯表示 1 年内可接任更高职位，黄灯表示 2 年内可接任更高职位，红灯则表示 3 年内可接任更高职位，见表 2–3。

表 2–3 “绩效 + 准备度”模型表单

姓名	职位	绩效结果	目标职位	准备度	存在风险	建议	IDP 计划
员工 A	招聘主管	A	招聘经理	●绿灯	无风险	……	……
员工 B	采购主管	S	采购经理	●黄灯	有风险	……	……
员工 C	培训专员	A	培训主管	●绿灯	无风险	……	……
员工 D	行政专员	C	行政主管	●红灯	高风险	……	……

注：评价标准为：●绿灯：1 年内可接任更高职位；●黄灯：2 年内可接任更高职位；●红灯：3 年内可接任更高职位。

此方法是将员工全部展示在一张表上，通过简单的介绍，预估员工将来的发展潜力。具体属于绿灯、黄灯还是红灯，需要根据员工平时的绩效表现，以及主管的评价综合得出。不论是主管建议，还是人力资源部的建议，都可以写入“建议”一栏。员工的 IDP 培养计划，则是在与员工沟通后，结合企业的发展和员工实际，所做的具体培养计划。等到计划实施完成，验收合格，员工就可以做好晋升的准备了。

上述三种人才盘点方法，企业可根据组织管理成熟度、盘点目的，立足现在驱动未来的综合考虑角度，结合工具的复杂程度，选择适合组织自己的方法。

3. 人才盘点会议

人才盘点会议是人才盘点工作的必经步骤，能实现部门间的充分沟通。具体流程见图 2–5。

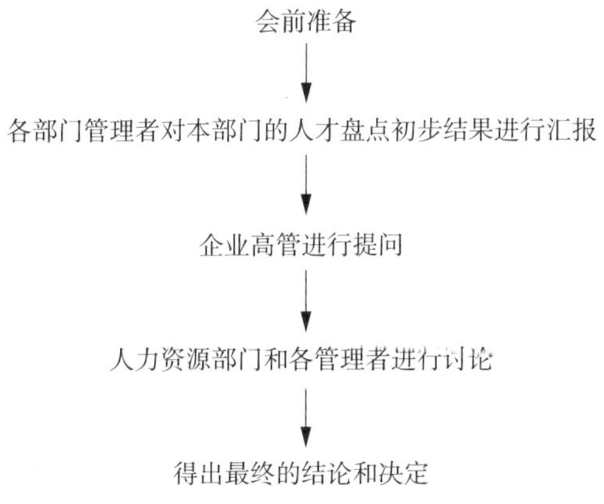

图 2–5　人才盘点会议流程

会前准备，主要是对人才盘点内容的理念进行沟通宣导，具体可以按照工作启动会的形式开展，包括收集被盘点对象的自我评价和直接上级的初步评价，也可以收集大家对盘点的期望和反馈。而在人才盘点的会议中，要突出业务部门的角色，如此才能使盘点结果有效推进。人力资源管理者则应以“咨询顾问”的角色参与其中，在人才与业务匹配上提出专业意见。

4. 具体实施

经过此前的分析盘点，以及会议的充分沟通，管理者便可对盘点内容和措施进行推动落实，制订相关的人才计划。

一是人员配置计划：管理者应根据组织阶段性工作计划任务和效率要求，合理规划人员配置。

二是人才培养计划：管理者需结合员工的岗位、工作任务，进行岗位技能和知识的培训。需注意的是，此类培训应具有针对性，最好是个性化定制。

三是关键岗位继任者计划：管理者需要建立关键岗位的人才梯队，找出哪些员工才是值得培养的继任者。人才梯队的名单越长，说明人才储备越充分。

5. 成果跟踪与改进

按照 PDCA 管理循环的思路，成果跟踪与改进是人才盘点重要的反馈阶段。PDCA 是一套工作循环方法（图 2–6），特指一项工作所需要经历的四个阶段。这四个阶段不断滚动循环，就能在前一个循环的基础上更进一步。人才盘点通过“计划—执行—检查—处理”的持续滚动，会不断靠近及达成目标。

在人才盘点结束后，更重要的是管理者主动对计划实施的效果进行跟踪反馈。人力资源部门作为人才盘点工作的牵头部门，应注意收集各部门的反馈和评价，对存在的问题要查找原因，进行动态调整，并加以总结改进，如此才能使人才盘点真正落到实处。

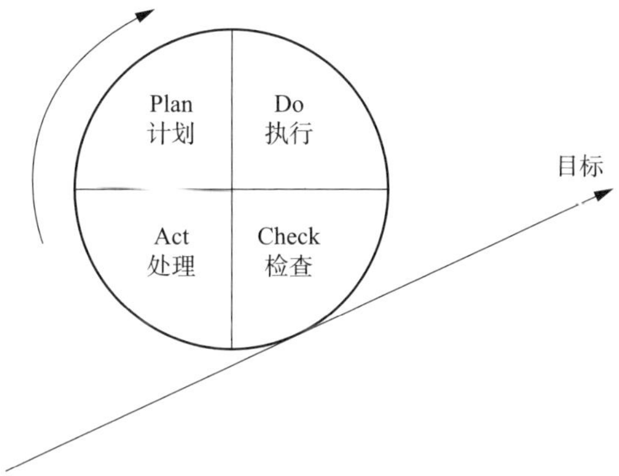

图 2-6　PDCA 循环示意图

在整个进程中，管理者还需要注意以下三个事项：

一是参与盘点的人员应跳出自己业务范围的局限，从组织全局角度对内部人才进行综合评估。

二是从多个视角盘点人才，基于事件多维度、场景化、情景化来还原人才行为，客观地进行评价，以动态发展的眼光看待人才，而非停留在过去的印象中。

三是参与盘点的管理者，应对评价的内容和结果进行保密，至于最终结论是否公布，取决于盘点的目的以及管理成熟度。

2.2 了解岗位需求，对应职位特点

绘制完针对整个公司的人才地图之后，招聘管理者的目光就要转到单个岗位上面去。在论述本部分内容前，我们先来看一个案例。

某公司正处在成长期，业务不断拓展，根据市场部急需增加人手的请求，决定招聘一批市场营销人员。人力资源部按照职位说明书的描述进行招聘准备工作，开展了一系列的招聘活动。

在面试之前，人力资源部提出是否让市场部的管理人员参与面试，可市场部同事经常出差，即使是管理人员也难得在公司露面，用手机联系他们后的答复是顾不上参与面试，认为这该是人力资源部的分内工作，与市场部没有关系。然而待新人到岗一段时间后，市场部管理人员便又开始抱怨人力资源部招来的员工不胜任市场营销岗位，安排的指标任务完不成。

从上述案例中，我们首先注意到市场部管理者对招聘工作存在较为明显的思想误区，他们忽略了在招聘工作中自身的责任和义务。首先，部门经理不仅担负着业务管理的职责，还应担负人力资源管理的职责，比如，本部门人员配置、员工关系的管理和职业生涯规划等工作。其次，造成新人与岗位不匹配的结果，也可能是人力资源部对需招聘职位的认识不深，没有充分了解市场部的用人需求及职位的特点，因此所招聘到的新员工很可能就不符合组织实际的需要。

为了避免上述的招聘成本浪费，人力资源部进行人员招募的第一步便是做好职位需求的分析。对此，我们可以从三个方面来探讨。

1. 岗位职责和任职资格分析

为了了解所招职位的特点，管理者需对岗位职责和任职资格进行分析，主要分为两种情况。

第一，企业需招聘的职位是因人员调动或离职导致的空缺，则可以参考已有的职位说明书，直接开展招聘工作。需要注意的是职位说明书并非一成不变，尤其是在当前市场环境变化迅速的情况下，组织架构和岗位设置应不断根据外部变化而调整，所以职位说明书也需要时常更新。

第二，从未招聘过的新增岗位，人力资源管理者应该根据岗位职责和任职资格拟定职位说明书。职位说明书的拟定需要该岗位的上级主管主要负责，人力资源部门有义务对职位说明书的编写要求和标准进行说明。

职位说明书是企业雇用和管理员工的基础性文件，它既可以使员工明确了解企业需要他们做什么工作，也可以用来评价员工的工作绩效。编写职位说明书至少应包括以下五个步骤，见图 2–7。

图 2–7　编写职位说明书的五个步骤

（1）收集信息

管理者需先从企业入手，了解管理制度、组织结构等内容；然后通过观察法、面谈法、关键事件法等开展工作分析，尽可能全面获取与招聘岗位相关的信息。

（2）创建模板

在正式编写职位说明书以前，管理者有必要创建统一的模板。一般来说，模板中应包括职位名称、所在部门、定义上下级关系、工作摘要、工作职责、任职资格、工作环境和条件、薪酬福利待遇等内容。

（3）撰写初稿

模板定稿以后，管理者按照之前所收集到的信息，填入对应模板之中，进行职位说明书的初步撰写。在撰写过程中，假如遇到困难和问题，管理者应与相关岗位人员进行沟通。

（4）讨论初稿

初稿完成后，管理者应分发给组织内的相关人员并进行讨论，对说明书中的每个细节要点、遣词造句进行仔细斟酌，最后达成一致意见。

（5）最终定稿

最终形成的职位说明书，力求简明扼要，上下一致认可，然后编号排版成为企业的正式文件。

在实际工作中，一些管理者往往在尚未明确岗位职责及任职资格的情况下，便匆忙开展招聘工作，根据主观模糊的感觉进行面试，随意性较大，导致招聘的员工并不适合工作要求。这也就体现出了解岗位特点、形成职位说明书的重要性。

2. 用人部门需求分析

除了熟悉职位说明书中关于岗位的特点外，在实际工作中，管理者还需充分了解用人部门的需求。

首先，要从业务背景入手，对部门的运作情况、业务痛点、未来的发展方向与策略、对人才的中长期需求情况等有一个预先的了解。例如，一个互联网科技公司，一开始主要将研发力量投在电脑端系统的开发上，但随着移动互联化的不断深入，越来越多的用户转移到了手机端，业务部门敏感地捕捉到了这一变化，在移动端软件需求还没大批量出现之前，就已经开始着手招聘能够胜任手机端系统开发的研发类人员。招聘工作者只有提前了解到业务部门这些信息，才能很快跟上业务部门的节奏，通过内部培养或外部搜罗候选人的方式，尽快补充人力，让业务能够跟上甚至引领这一变化。

其次，需要明确团队的发展阶段，例如，创业型的团队和稳定发展型的团队在招聘需求上可能就表现得不一致。创业型团队更倾向于招募具有创新活力的年轻员工，而稳定发展的团队则偏好经验丰富的熟练工。又如，一个开辟新区域或新业务的部门，往往更重视业务开拓能力；而一个业务处在成熟期的部门，往往更重视综合管理的能力。

最后，新招人员与团队现有人员之间的搭配也需引起管理者的注意。这是指用人部门的成员原本有着什么样的沟通风格，要求新招聘进来的员工具备什么样的个性，才能让这种个性与其他团队成员的个性保持一致或互补。例如，一个团队的成员都是比较外向活泼的，沉稳踏实的工作氛围有所不足，此时可能需要招聘一位个性沉稳的员工，以使整个团队的氛围得到中和。若招聘人员能够在面试前期对候选人的个性特征要求有所把握，在初试阶段就能有针对性地筛选，并容易与用人部门达成一致。

3. 人才市场供应分析

做好了上述两方面的分析，我们就基本明确了岗位招聘的需求。但在一些特殊情况下，招聘人员依然可能招不到符合需求标准的人才，此类情况往往发生在以下两种行业：

一是企业主体众多并竞争充分的行业，在这样的环境中，人才往往供不应求，且各家企业争夺激烈。

二是新兴行业，即过去没有同类型岗位，例如人工智能企业对一些技术岗位的需求较多，但市场上并没有成熟的现成人才可用。

在人才竞争激烈的市场，管理者招聘到合适的人才较为困难，同时人才招聘的成本也大大提高。如此不妨调整招聘岗位的需求，分解工作职责，或适当降低部分要求。而对于新兴行业，人力资源市场上现成的人才稀缺，岗位需求本身也不断发生变化，管理者此时可以招聘综合素质好、具有胜任潜力的人员，在使用中逐步加以培养，如优秀的应届毕业生等。

当今企业在人才招聘中遇到的一个现实问题是，必须根据现有资源和人才市场供应情况对需求进行适当调整。当没有十全十美的方案时，选择一个相对理想的方案也是可接受的。

管理者想要招聘工作开展得更加有效，既要通过岗位职责和任职资格明确所招职位的特点，又要通过部门需求分析明确人才招聘与团队整体效能的关系，还要通过人才市场供应的分析制定务实可行的方案。

2.3　核心人才搜索，注重三维度

当我们说到人才的时候，往往对人才的定义并不是很清晰。企业管理者只是单纯地想要招聘到高端人才，但并不知道何为高端人才。

我的一个朋友，为扩大经营规模，在原有业务基础上申请到了一个稀缺牌照，急需找到该新业务的负责人。他约见了好几位他认为非常合适的优秀人选，也开出了相当诱人的薪酬，当谈到未来规划时，每个候选人都跃跃欲试，然而几个月下来，并无一人正式入职。

朋友向我倾诉了他的烦恼，他在企业万事俱备只缺人才之际，不知道如何定义人才，才能让之前的人才盘点、岗位职责分析不至于成为一套毫无用处的漂亮表单。每个企业都希望所有成员皆为人才，可实现却是遥不可及。

究竟什么叫人才？

人才最简明的定义就是“德才兼备之人”。“德”是指一个人的品格、态度和内在修养；“才”是指一个人的知识、技能、潜力和行为表现。

每个追求基业长青的企业，对人才的“才”的基本要求都包括四个方面，见图 2–8。

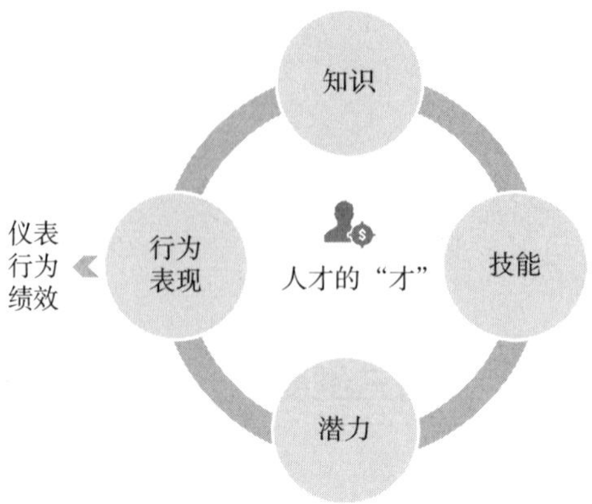

图 2-8 人才的“才”所表达的四层含义

第一，知识，是指人才要符合甚至超过所从事岗位的知识储备。

第二，技能，是指人才要符合甚至超过所从事岗位的技能要求。

第三，潜力，是指人才要符合企业发展和岗位的未来潜在需求。

第四，行为表现，主要包括三种：

1）仪表：形象、着装和言谈举止符合企业的文化表征。

2）行为：做事方式符合企业的行为规范。

3）绩效：工作成绩符合甚至超出企业的绩效要求。

其实，企业即使将所有员工均视作人才，现实中仍会对某些员工区别对待，为他们提供更多的培养和发展机会，以期更长久地留住他们。所以，对于企业来说，真正的人才应该是那些企业希望长久保留的员工，而不是任何一个被招聘进来的人。德才兼备的道理虽简单，但现实中企业能够真正始终践行德才兼备的原则并非易事。因此，在选拔人才的时候，还应该问自己三个问题。

问题一：企业能够确实重视并识别员工正直诚信、爱岗敬业、合作共赢这些品德吗？

问题二：企业采用怎样的标准来衡量员工的“才”？

问题三：企业招聘、选拔和保留人才时是否仍更多关注人才对象的能力？

回答完问题，企业在招聘和选拔人才时，就会更加关注人才选拔的三个维度，即手、脑、心，见图 2–9。

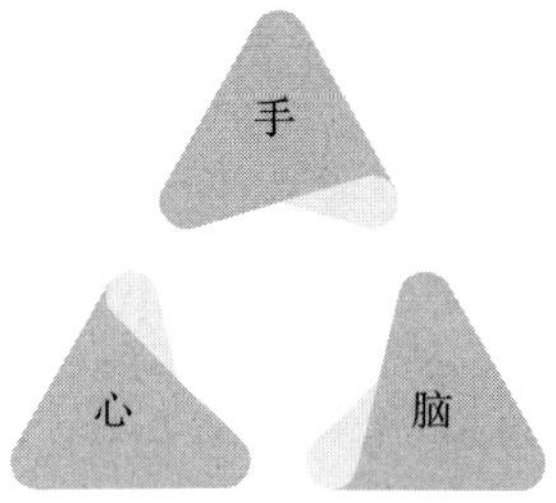

图 2–9　选拔人才的三个维度

（1）第一个维度：手

“手”，代表人才的能力和业绩，即其与从事岗位直接相关的知识、技能、经历、经验和曾取得过的业绩成果。企业可以通过其学历、简历、过往工作经历、绩效表现和背景调查进行考察。

（2）第二个维度：脑

“脑”，代表人才的思维能力和潜力，包括智商、逻辑分析能力、口头表达能力、解决岗位相关潜在问题和实际问题的能力、遇事的变通性和灵活度、学习能力等。企业可以通过面试、考试、测评等方式做出比较准确的判断。

（3）第三个维度：心

“心”，代表人才的品格和态度，以及价值观、受教育程度、人生阅历、审美情趣等内在修养，如正直诚信、爱岗敬业等品行。企业通过背景调查、面试、测评等方式可以获得许多相关信息。

“手”和“脑”，属于人才对象“才”的部分，“心”则与人才对象的“德”直接相关。如何对待人才的“手脑心”，如何处理和平衡好三者的关系，是组织人才发展机制的重要组成部分。因为人才的“手脑心”均关系到组织的生存和发展，但针对企业的不同发展阶段、不同情境、不同岗位，以及不同人才性质，企业对三者的侧重有所不同。

1. 关注人才的“手”

初创期的企业在选拔人才时，应注重让人才的能力与企业业务发展阶段相匹配。企业希望员工能直接上手，利用其已具备的岗位知识、技能和经验，为当前工作尽早做出贡献。初创期的企业，面临着生存与竞争的双重压力，希望尽早摆脱生存困境，能够从多重竞争氛围中很快脱颖而出，成为胜利者之一。

因此，初创期企业，对人才至少有两点要求：

第一，已经具备专业能力，不再需要额外的时间去培养。

第二，能够在短期内形成难以替代的技术壁垒，能够成为企业突出重围的关键节点。只有这样，企业才能节省时间和精力来培养人才，把时间用到争取更多盈利这件事情上。

2. 关注人才的“脑”

企业在发展与成熟时期，应注重人才的思维能力和潜力。此时企业已有更多的时间和精力培养人才，需要人才献计献策，帮助企业一同思考未来的发展方向。选拔的人才能够通过运用个人思维能力，较快掌握新知识和新技能。

注重“脑”的原因在于，企业处于发展壮大时期，没办法做到全程由领导监督与管理，每一个员工都需要具备极强的主观能动性，才能够主动解决问题，助力公司的成长。公司可能遇到的问题，包括但不限于：

1）企业出现了由内部人才主导的新业务，需要同企业其他业务有很多交集或合作，需要员工能够在企业内部建立起足够的人脉和威信。

2）企业的未来存在不确定性，需要人才审时度势、灵活变通。

3）企业面对危机，需要人才善于解决突发性问题。

4）企业需要创新，需要人才将善于学习的能力转化为实实在在的创新成果。

3. 关注人才的“心”

热爱企业和所从事的岗位，是企业选择人才的首要条件，因为这些态度决定了该员工是否能忠于职守、爱岗敬业。所谓小胜靠智，大胜靠德。企业若想基业长青，必须依靠健康持续的文化，而这样的文化，依靠的正是企业中那些符合企业品德和核心价值观要求的用“心”的人才。因此，企业在各阶段都应注重人才的品格和态度。尤其在初创时期，核心人员如果不能志同道合，那么即使他们的能力再强，也不可能成功。

回到本部分开篇的案例，朋友找不到合适候选人的根本原因在于，他在选拔人才时，关注的是候选人的业务和管理能力是否足够强，且他接触过的所有人选均符合这样的标准，在面谈过程中基本上都是他在探询候选人如何开展新业务。也就是说，他只是在考察候选人的才干，即“手”和“脑”，而忽视了这些候选人的“心”——是否真正拥有挑战现状、敢于重新出发的胆识和气魄。当他把找人的思路由注重候选人的“手”“脑”，转为更加注重候选人的“心”后，不到一个月，就找到了合适的人选。

2.4 精准定位，招聘选拔“四重奏”

今日头条现今已是继BAT（百度、阿里巴巴、腾讯）之后，TMD（头条、美团、滴滴）三互联网巨头之一。2020年2月24日，iiMedia Research发布的《2020中国独角兽榜单TOP100》显示，今日头条母公司字节跳动以5200亿元人民币的估值，排名第二。

如此一家发展迅速的大公司，其CEO张一鸣，曾为了挖一位在微软工作过的资深软件工程师，通过线上线下各种途径对其进行了全方位的了解。

张一鸣的挖角工作，主要包括两种方式：第一,一个接一个地打电话，向所有他能找到的人打听此人消息；第二，通过各种渠道和这位工程师产生联系，比如微博、微信，并查看他过往社交媒体言论记录。这样做的目的很明显：通过对其信息的亲自了解，以及周围人对他的印象，可以提前构建个人画像。画像越清晰，越有利于对其了解。这样在沟通时，就能抓住对方的喜好，并且确认其与公司的匹配点主要有哪些。

另外，通过点赞、评论这些看似不起眼的小动作，可以增进相互间的亲密度，也可以通过评论向其传递公司的企业文化和价值观，因为优秀的人才，找工作已经不是简单地谋求一份职业，而是在选择一份事业。为了拉这位软件人才加入团队，张一鸣在前期共计投入了30小时做信息调查。两个月后，这位工程师才加入了今日头条。

类似求贤若渴的例子，我们听过很多。现在企业都在喊“人难招”，可又有几人如此对待那些潜在的候选者呢？诚然，很多岗位并没有高端到需要企业的一把手亲自“登门拜访”，但这种招聘精神，却值得每一个企业的管理者及招聘工作者学习。

事实上，有些企业不仅没有对求职者抱有一种“求贤若渴”的心态，反而极不重视求职者。

比如，求职者坐了一两小时的车才到公司，填表登记后一等就是一两小时。此时，面试官才匆匆赶来，一句“有些事情要处理”就把求职者一两小时的等待时间给打发掉了。如果求职者对此有异议，面试官则会认为求职者既然是来面试的，却连一两小时的等待都不耐烦，不符合企业价值观，继而认为对方不适合公司。

所以，企业的价值观就是不守时、白白浪费别人的时间吗？这样的企业，招不到人只能怪自己。

在“大众创业、万众创新”的移动互联网时代，员工早已摒弃了“择一企业终其一生”的观念，“谁对他好，他就跟谁跑”。企业已经不再拥有“守株待兔”的优势，必须懂得出去“逮兔子”。但凡求职者自己主动寻上门的，要么自身能力不够强，希望靠主动打动企业，要么企业运气太好，捡到了宝贝。

一般来说，企业招聘的工作有四个层次，见图 2–10。

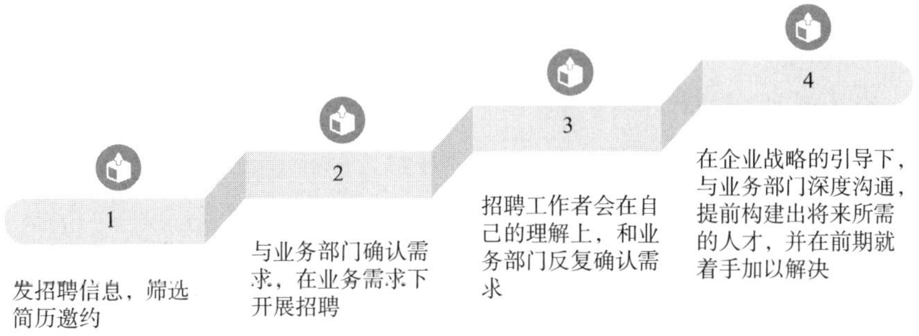

图 2–10　招聘工作的四个层次

企业的招聘工作属于哪一个层次，就只能招聘到当前层次的人，所招人才是否优秀，就要看企业自身的层次是高还是低。

第一层：发招聘信息，筛选简历邀约。

企业招聘工作者就像一个旁观者，认为招聘的岗位和人选与自己无关，自己就是给业务部门帮个忙，既然如此，那就本本分分发一下招聘信息、筛选邀约一下求职者，给到业务部门就好了。招聘工作者机械式地做着工作，不求有功，但求无过，效率较低。

第二层：与业务部门确认需求，在业务需求下开展招聘。

招聘工作者开始意识到招聘工作的重要性，试图复述及确认用人部门需求，将他们所需作为一个固定模板，进行简历的筛选。

这样的筛选，符合率相对较高。此类招聘的价值，相较于最低层次有所提升，但没有实质性的跃进。本质上来说，招聘不具备主动性，还是依赖于业务部门给出的信息在做筛选。

第三层：招聘工作者会在自己的理解上，和业务部门反复确认需求。

此时的招聘工作者，已经开始具有“主观能动性”了，他们会在基于自身专业知识的前提下，和业务部门确认需求，共同构建一个最合适业务的“需求画像”。招聘的工具已经不再仅限于招聘网站，而会引入其他的渠道，比如微信、微博等。这种主动出击可以带来更高的效率和更准确的人才定位。招聘工作者的价值开始具有实质性的增量，同时会获得业务部门发自内心的认可。

很多企业的招聘工作，基本停留在这三个层次上面。面对不同的招聘需求，会采用不同的层次来应对。并且，除了第三个层次稍微具备了一些移动化思维外，其他两个层次还停留在传统的招聘模式上。这在现今时代，已显露出了它的疲软和无力。

尤其是在面对高端人才（前沿的 AI、算法工程师）的时候，传统招聘渠道的弊端就非常明显了。这个时候要怎么办呢？比较可行的方法就是防患于未然。在还没有成为一个紧急事件之前，先做好万全的准备。

于是，就出现了招聘的第四层：在企业战略的引导下，与业务部门深度沟通，提前构建出将来所需的人才，并在前期就着手加以解决。

此时招聘工作者需要对人才市场进行深入全面的了解，弄清楚目标人群所在的圈子，提前通过某种手段和潜在候选人建立联系，一旦需要就可以立即行动，将他们“收入麾下”。比如企业在 IT 行业，招聘工作者完全可以通过技术人员的介绍，注册相关网页或论坛的账号，了解行业最新动态的同时，关注一些大牛进行点评与互动。通过前期的接触，管理者甚至可以拿到潜在候选人的联系方式，这就直接免去了中间的寻找过程，加上彼此已经较为熟悉，成功的概率会高很多。

这就是招聘的“四重奏”。对于第四层而言，一旦运用熟练也就不再仅限于非常高端的岗位，只要是重点岗位，甚至是公司需要的岗位，都可以用到此方法。这也是目前某些互联网公司比较热衷的一种方法，它将互联网运营的思维充分地渗透到招聘工作中，给招聘工作打开了新的局面。唯一需要注意的是，此方法需要花费非常大的精力，为了提高效率，不是特别情况，不建议全面铺开。

虽然这里我们将招聘人为地分成了四个层次，但从提升效率角度来说，完全可以整合成一套体系，因为每一层次实际上是上一层次的升华，它们之间并没有断层。

企业在实际运用时，根据不同岗位情况，自行确定需要达到哪一层次即可。实际上这套体系，站在求职者角度来说就是面试体验：从企业与求职者初次的接触，到打电话邀约，到最后的入职、融入团队，就是一系列的“自我体验”。

企业所要做的，就是站在求职者角度去构想这套体验，要考虑如何设计才能让求职者对公司的印象加分。每个企业的招聘环节不同，面试者体验设计会有所不同，但总的来说会包括以下四个阶段，见图 2-11。

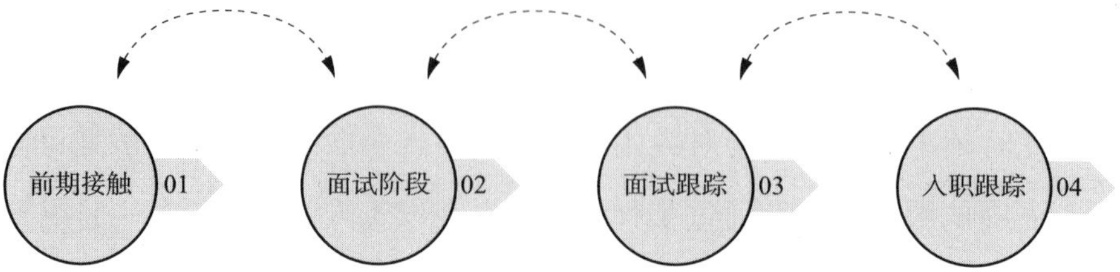

图 2-11　面试体验的四个阶段

前期接触：这部分内容既包括论坛、网站的关注点评互动，也包括电话邀约话术、邀约面试短信、邮件格式等。

面试阶段：面试前的提醒，面试过程的准备。比如安静而整洁的会议室、夏天的凉茶 / 冬天的热茶，提前做好面试准备的面试官，面试前期拉近关系的闲聊话术，面试完后送走面试者的行为等。

面试跟踪：面试后的情况告知，复试的安排，背景调查的开展等。

入职跟踪：入职相关事宜的沟通，Offer 的发放及话术，入职流程的引导，入职手续的办理，团队初步的融合等。

这四个方面对每一个通过面试的求职者来说都会经历，只是在细微的事情上会有所不同。比如前期有的只需要筛选邀约，有的需要找圈子挖人。

好的面试者体验设计，是招聘工作的升华，更是公司雇主品牌的体现。当这种品牌传播出去之后会形成连锁反应，无形中会吸引那些和公司“志趣相投”的潜在人才。而这又是招聘“四重奏”的更高一层的境界：化有形为无形。处处都是公司，处处又不见公司。

2.5　有的放矢，明确人岗匹配五层次

我在给企业 HR 做招聘分享的时候，经常会问他们一个问题：如果马云去你们公司面试，你会要吗？

虽然他们并没有直接说“不要”，但从他们给出的理由看，明显是拒绝的。比如，有人就说，我们是传统服务行业，马云虽然很牛，但不适合我们。

对于他们的回答，我十有八九是猜到了，于是会玩笑般地回应：所以我们都还很普通，做不成另一个阿里巴巴。

一个企业招人的标准是什么，是以岗定人吗？这种观念不能说过时，但确实称不上与时俱进。诚如马云这类风云人物，看似和公司的业务不匹配，但他们所具备的企业家的才能，却不是一句简单的“匹不匹配”就能决定的。

退一步说，就算不匹配，但他们的能力足以把企业带入一个新的增长高速路上，即便业务都发生了转变那又有什么关系？企业要的，功利一点说就是利润。如果彻底的改变能带来利润的加倍增长，甚至从一个默默无闻的小企业做到行业闻名，有何不可？死守着固有的模式、业务不变，在动荡的市场环境下，企业最终只有死路一条。

现在招聘越来越难做，这是每一个招聘工作者的心声。他们每天担

心的事情就是被求职者“放鸽子”，不是约好了面试不来，就是约定入职报到的那天没看到人；如果不死心，非要追一个电话过去，求职者编个他自己都不信的理由拒绝前来，或者直接电话不接都是常有的事。

在这种大环境下，企业又能根据拟定的岗位招聘到多少合适的人呢？

一个企业想要有长远的发展，就需要顶尖人才生产出卓越的产品。产品才是这个时代下，企业赖以生存的根本。

互联网时代之前，企业需要的是渠道，只要渠道打通了产品就有销量，利润就是可见的。可现在信息高度透明，任何产品都能随时和其他同类型产品做对比，孰优孰劣用户一看便知，并且不用担心买不到，因为物流已经一体化，天南海北的东西只要想买，总可以寄到家。所有让人惊喜的产品，其核心都是差异与差别，这才是互联网时代造就卓越业绩的核心。

之所以强调产品的差异化，是因为差异化来源于创新与创造。在一个创新与创造的世界里，没有什么是预先设定好的，能让人一上手就知道怎么做。既然没有什么是预设好的，那创新与创造的源头——人才的招募又怎能通过预先设定好的要求做呢？预先设定，也就是我们所说的以岗定人，它能够挑出很优秀的人，但绝不是引领潮流与时代的人。

最开始我问到的问题，学员们给到的答案就是典型的“唯匹配论”。可马云这类风云人物显然属于在工作中创造空间的人，用传统的招聘方法必然会错失此类人才。因此，招聘工作者要用匹配差异法选人，而不是单纯地匹配。企业给了创新人才发挥的空间，他才能变革公司，甚至引导整个行业的发展。在招聘过程中，这是顶级的匹配思维。

按照招聘的匹配程度，整个招聘的匹配共有五种类型，见图 2-12。

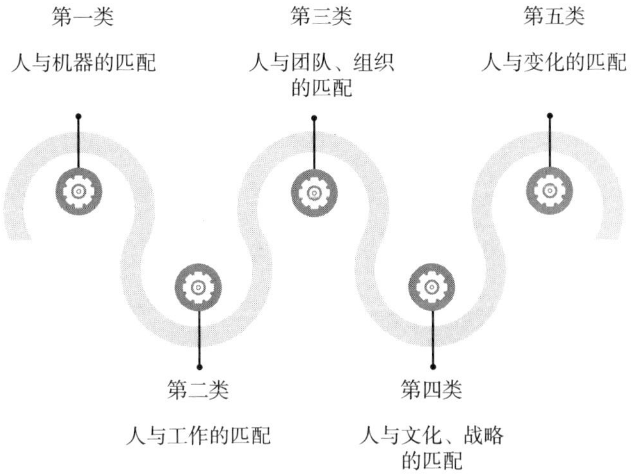

图 2-12　招聘过程中的五种匹配

（1）人与机器的匹配

这是工业时代的典型情况：员工只需要与生产机器相匹配即可；企业所关注的也只是一线操作工人。由于他们只需要会操作手上的机器即可，此时只涉及员工个人，可以不与其他人产生交集，因此企业对员工能力的要求也非常之低。

（2）人与工作的匹配

除了操作机器，员工还需要完成基本的工作任务，或者能够运用工具和相关知识经验来开展工作。这就是我们现在常见到的大量基层工作人员，他们虽然本身能力不强，但已足以应对流水线上的工作，能够完成自己分内的工作而不会给其他同事造成麻烦。

（3）人与团队、组织的匹配

当个人的单打独斗时代远去，团队协作就显得尤为重要。此时员工要与所在的组织和团队相匹配。每一个人需要融入团队之中，与团队其他成员一同发挥作用。这一类员工，已经属于知识型劳动者，或者基层的管理者。他们需要的不仅是最基础的技能，还要具备一定的主动协调能力，能够做到随机应变。

（4）人与文化、战略的匹配

此类员工需要与所在企业的文化和战略相匹配，认同并遵守企业的价值观，能够明确组织愿景，实现组织的战略计划。按照现有的公司层级，他们属于高级知识工作者，或者企业的中高层管理者。因为只有达到他们的层次，才会具备战略的眼光。此时的个体不仅要具备基本的工作能力、协调能力，还要有资本意识，不再仅用自身创造价值，更懂得用资本创造更多的价值。

（5）人与变化的匹配

前面说到的四种类型员工，从立场上说都是以“自我企业”为中心，可实际上外界的环境是多变的，只以自我为中心和固执己见没多大区别。也就是说，企业里的个体要懂得适应环境的变化。个体要与所在企业和行业，甚至是社会大趋势相匹配，能够做到随机应变，及时调整。他们此时才达到类似于马云这类风云人物的境界，他们是最高级的管理者，公司最核心的骨干。他们能够整合机器、任务、团队、组织、资本等各方面资源，从最优解出发，得到最亮眼的结果。实际上，此时的匹配已经实现了组织的自我发展，虽然只是其中很小的一部分。

匹配和差异，是谋求组织运行和绩效发展的两个方面，只有相互结合才能称得上完整。扔掉匹配，企业可能会陷入绝对的自由与无界，公司就会像脱缰的野马到处乱窜。扔掉差异，企业又会失去个性与差异化，在同质化下被淘汰。

招聘工作者要招聘具有创新特点的人才，而他们自身的创新就是用超越本职工作的思考方式来思考。只有招聘工作者自身是创新的才可能进行创新的招聘。在匹配与差异共存的情况下，企业想要充分用活每一个人，有一种可供参考并已经被某些企业付诸实施的方式，就是“自组织”。

所谓“自组织”，就是允许公司存在以追求利润为目标的小团队，公司只提供必备的资源，从自组织本身所获利润中抽取佣金。

比较有名的自组织，有海尔的“小微经营体”、韩都衣舍的“小组制”。它们的实践已经证明，自组织是发挥每一个人潜力的较好方式。此时招聘工作者可以不用再去纠结人该怎么招、招哪些人、用在哪里。作为自组织，它们为了自己的利润目标，必然会从自身出发，找到最适合自己的人。

招聘工作者要做的不过是融入自组织里成为它们的一员，用专业化的视角帮助自组织实现利润目标。而这也是招聘工作者在人岗匹配上，所能实现的最佳方式。

第3章

外部选拔：各方人才，为我所用

3.1 设计人才吸引机制，激活团队

公司招聘，什么最重要？不论是企业方还是求职者，内心最想说出的答案，恐怕是“工资”二字。求职者自不必多说，哪家企业给的工资高就偏向于哪家企业，即便工作内容和自己定位并不是十分契合与匹配。

企业的招聘工作者，在碰到招不到人的时候，背地里会抱怨企业的薪酬水平低，似乎只要领导愿意出钱，招聘到合适的求职者就是分分钟的事情。

真的是这样吗？

我们公司在前两年曾经针对一个基础岗位，提出了一个很高的招聘要求。领导的意图是通过招聘一个高端人才将整个团队提升为更具战斗力、层次更高的综合性团队。为此，领导开出了很高的价格，并且通过猎头挑选到了一个很满意的候选人。

候选人顺利入职，结果不到三个月试用期结束就提出了离职。在问及离职原因时，对方直言不讳地说："你们当初面试给我说的工作内容一项也没有，反倒是基础工作层出不穷，我担心再这样下去，自己一身本事就全废了。"

他的这番话让我无法反驳，事情原本是怎样的，我再清楚不过了。临走前他依然满脸疑惑地问了我最后一个问题："你们当初怎么想的，为什么要招我进来？"

对于他的问题，我只能苦笑。

我讲这件事就是想告诉招聘工作者，虽然钱重要，但钱绝不是吸引人才的唯一因素。能被钱吸引过来的，绝对不是企业想要的人才，因为人才看中一个公司的首要因素，绝对不是钱。

企业想要招聘高端人才的意图没有错，错在方式与方法上。企业应该通过一套合理的人才吸引与成长机制，来逐步提高团队战斗力，最终达到企业激活团队的目的。因此，在寻觅人才之前，企业应该拥有一套适合自己的人才吸引与成长机制。

吸引与成长是互为一体的，吸引人才的可以是企业现在能够给到他的，也可以是将来他能够获得的。我们说的钱，就是现在及将来能够给到的；而内部成长机会、自我提升机会，则一定是人才进来后，在企业的指导下才能够获得的。

人才吸引与成长机制的设置并不是一个单独的体系，而是内部相关体系的综合。更准确地说，它是将企业现有的机制进行了综合，以更贴近于人才的吸引与成长。总的来说，以下几方面需要加以考虑，见图 3–1。

图 3-1 人才吸引与成长机制的四个维度

1. 招聘流程

公司应该有一套完整的招聘流程，针对每一种类型的求职者，都有一个通用的模板，而不是“来一个人就一种方式”。这是非常基础的一个问题，但并不是每个企业都放在了心上。

我曾经去面试过一个中型企业的人力资源总监，但是初面却是公司的人事助理，这样的方式哪能打动求职者呢？问题往小了说，是企业招聘流程有问题，没有考虑到求职者的层次；往大了说，可以是企业不重视人才，并不把前来面试高层岗位的求职者放在眼里。这种情况下，先别说工资福利等是否合适，求职者就已经先把公司 PASS 掉了。

一个完整的招聘流程是招聘的基础。流程清晰，给求职者的感觉也会很好。图 3-2 就是一般情况下的面试流程，从最初的需求提出到最后的面试结束，涉及用人部门、人力资源部门以及公司总经理，企业可以结合自己的实际情况做出调整。

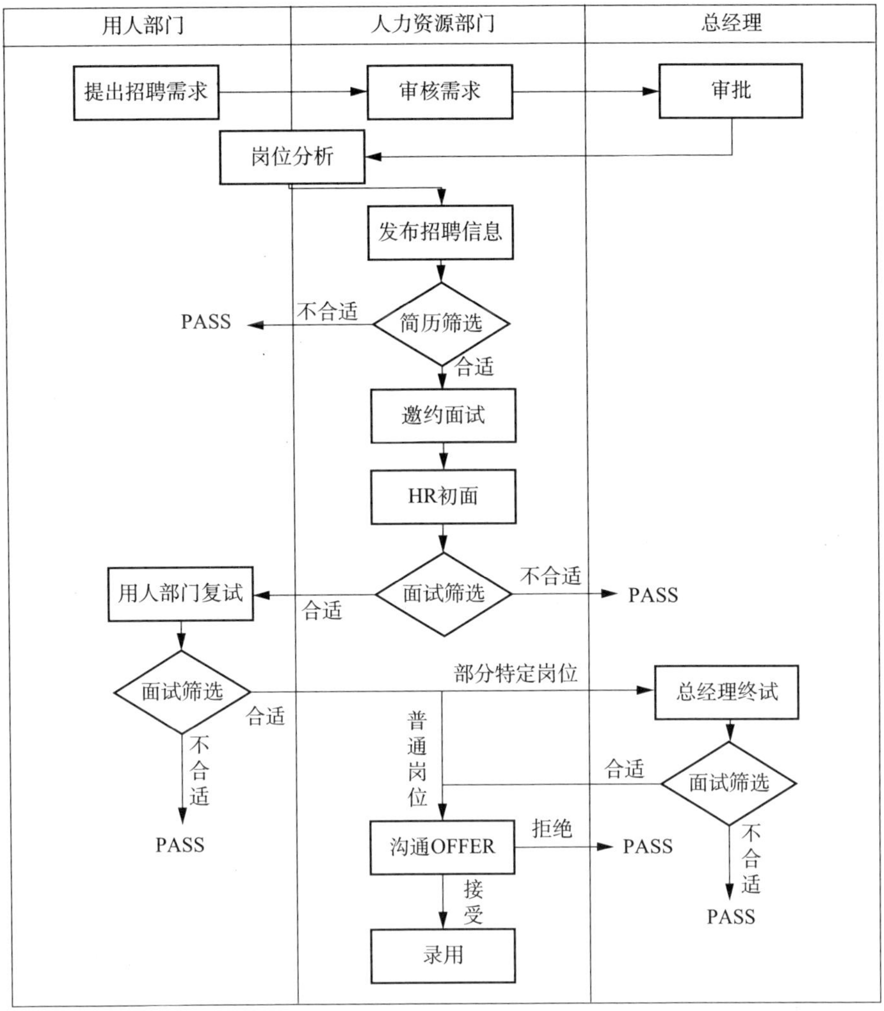

图 3-2　企业常规招聘流程

2. 薪酬福利

企业虽然不能把薪酬福利当作吸引人才的唯一利器，但它依然是非常重要的一项。薪酬福利体系包括三个部分，即直接货币性薪酬、间接货币性薪酬以及非货币性薪酬，见图 3-3。

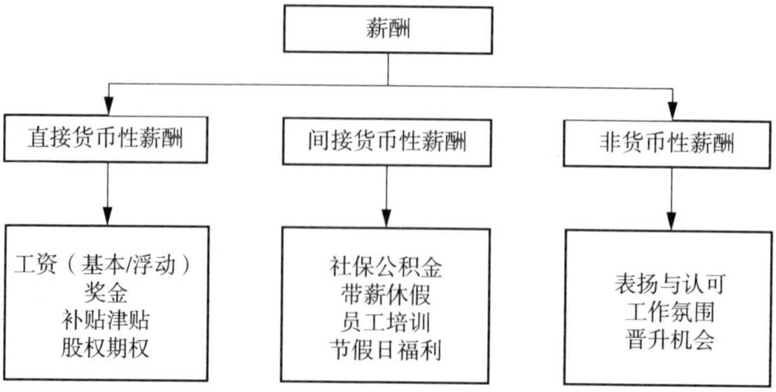

图 3–3　企业薪酬构成及种类

企业在设计薪酬的时候，往往更关注直接性和间接性货币性薪酬，忽略了非货币性薪酬，这在吸引高端人才方面显然存在弊端。

从马斯洛需求层次理论可以看出，高端人才对非货币性薪酬有着较高的需求，他们对基本生理与安全的需求早已得到满足，考虑更多的自然就是同事的认可、领导的认可，以及更加长远的发展与自我提升。

这也就告诉企业管理者，不同层次的员工所关注的对象是不一样的，而薪酬福利体系之所以囊括这三个方面，就是为了能惠及每个层次的员工。简单地用吸引普通人才的手段吸引高端人才，必然会失败。

3. 生涯规划

生涯规划是一个人的职业生涯发展路径。企业虽然不能保证每一个进到企业的高端人才都会长久地发展下去，但也需要根据员工特点，制定出符合员工的内部发展通道。

我们回到最开始说的例子，如果企业在招聘那位高端人才时，能够提供与他能力相匹配的工作职责，甚至还能提供他渴望触及的更高层次工作岗位，也不会面临试用期还未过就流失的风险。

没有哪一个员工来到一个新公司不希望有更好的发展，所有人都希望在新的平台有新的提升。这是一个人的需求不断提升的必然结果。

4. 企业文化

企业文化可以说贯穿了企业的一切事物与活动。一个企业究竟值不值得人才留下发展，如果只考察一点，那一定是企业文化。

一个有着良好文化的企业，一定懂得站在员工的角度，去考虑公司的长远发展，也就是把员工当作企业“自己人”，与员工一起实现远大抱负。

一般来说，良好的企业文化包括三个层次，见图 3–4。

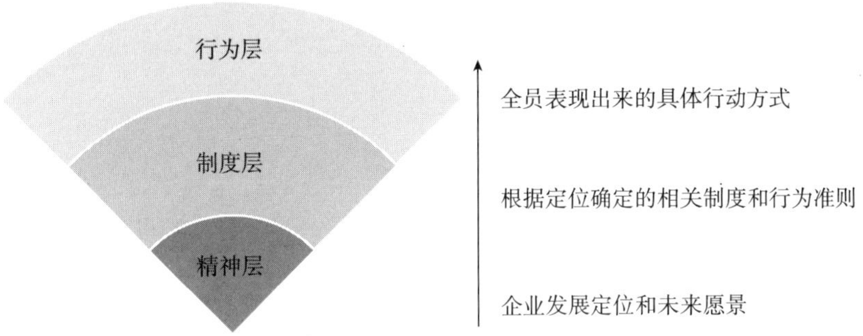

图 3–4　企业文化的三个层次

企业文化是由企业的价值观、信念、仪式、符号、处事方式等组成的特有的文化形象。文化对人才吸引的作用主要体现在两个方面：其一，企业品牌的宣传，给潜在候选人留下良好的印象；其二，人才进入公司后，加速人才对公司的认同，防止流失。

企业文化包括三个层次，分别是精神层、制度层和行为层。精神层是企业文化的内核，它用来说明企业的发展定位和未来愿景。在此基础上，企业就需要制定相应的制度，用来确保全员按照制度，一步步实现企业的远景目标。而通过制度表现出来的行为，就是融入企业日常工作中的一举一动，不论是领导对员工的态度，还是员工对工作的态度，都属于此类。

招聘流程、薪酬福利、生涯规划、企业文化是企业在制定人才吸引策略上需要下功夫的四个方面，对企业来说，最简单的是前两者，而后两者作为长远考虑必备的选项，也需要企业在发展的过程中不断加以完善。

3.2 利用大数据技术，匹配精准人才

2012 年末，华为公司终端用户体验设计部部长徐静进，被派去爱尔兰筹建研发能力中心，着重承接 OSS（运营支撑系统）和 BSS（业务支撑系统）开发。为了寻找当地人才，徐静进在领英上通过不同关键字搜索爱尔兰的相关人员，以华为爱尔兰研发能力中心负责人的名义发出邀请，最终四人成功入职。

值得一提的是，在搜索过程中，徐静进发现，大多数目标人选都在科克，而非直觉中的人才聚集地都柏林，他也因此决定，将研发能力中心建在科克，而非华为爱尔兰办事处所在的都柏林。

事实上，如今华为人力资源部有着非常多的研究员，他们利用互联网平台的大数据分析能力，在时刻研究全球范围内科研人才的变动趋势，从而为企业人才招聘提供数据支持。

过去在没有大数据的条件下，企业招聘人才很难做到“全信息”搜索，换言之，管理者很可能在备选人员不够充分的情况下进行人才招募。

近年来，面对招聘成本与用人成本日益趋高的挑战，企业应用大数据技术开展人才招募的趋势愈加明显，因为大数据能够帮助管理者解决“备选人员不够充分”的问题。从理论上讲，凡是符合条件的候选人，都可以进入选拔主体的视野。

大数据技术在人才招募上的功能优势，主要包括以下四个方面，见图 3–5。

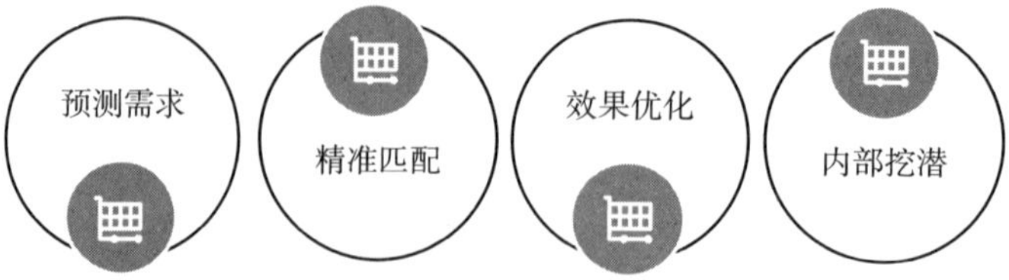

图 3-5 大数据在人才招募上的功能优势

1. 预测需求

在招聘开始前，企业人力资源管理者可以利用大数据，更好地预测内部的实际用人需求。例如通过挖掘员工数据，能确定技能、绩效等级、任期、受教育程度、过往职位等因素之间的相关模式，如此，便可最大程度减少员工的更替。

2. 精准匹配

早在 2007 年，美国智能招聘公司 Trovix 就利用语义分析技术，来分析职位要求和求职者简历在一些关键点上的匹配。经过 10 多年的发展，目前的语义分析技术更加成熟，不仅可以把匹配程度高的职位信息推荐给求职者，还可以将符合度高的简历推荐给企业招聘方。这种个性化推荐服务，不仅能节省求职者搜索和浏览职位的时间，对于雇主来说也提高了招聘的效率。

推荐服务的精准性，首先来自简历量足够大，其次是分析算法准确。例如，运用语义分析技术，能够深度解析招聘方发出的职位描述，包括工作年限、教育背景、核心技能等，进而精准匹配合适的人才简历。

3. 效果优化

像运营产品一样去优化招聘，是互联网时代的趋势。运用大数据技术，对内可以有理有据地检视人力资源部门与用人部门的进步及改善程度，赢得领导的信任和支持；对外可以根据数据不断优化渠道选择与投放，总结出本企业成本最低、效果最好的招聘渠道组合。

目前，许多第三方的招聘软件，可以自动记录简历收取量、职位录用量、有效简历量、招聘完成情况等数据，并为招聘人员制作出每月的招聘漏斗数据分析图表，如此便可以清楚表明效率最低的环节与渠道，从而在下个招聘周期内进行优化。这些都是招聘工作者需要充分利用的数据分析工具。

4. 内部挖潜

管理者通常倾向于认为他们需要从外面聘请人才，而如何挖掘组织内部隐藏着的人才，却显得格外生疏，这是现代企业在人才招募上面临的一个困扰。但是，使用神经语言程序分析过的大数据，可以帮助管理者分析、评价整体人才档案数据，从而实时建立组织内部的员工技能档案，这些档案可以被用作开发内部人才及人力资源规划的工具。

管理者在运用大数据技术匹配精准人才的同时，还应注意以下事项，见图 3-6。

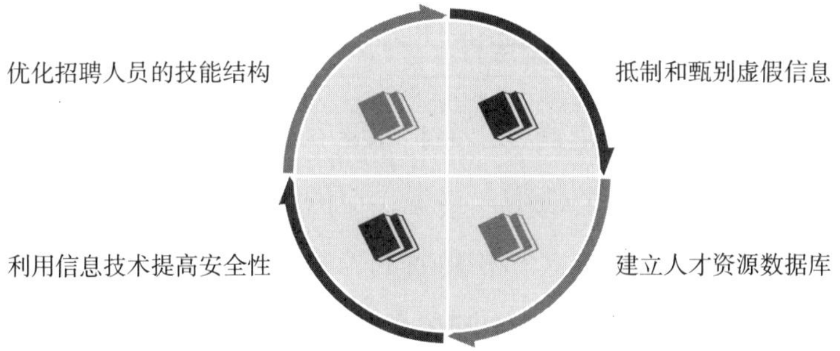

图 3-6　大数据运用时的四个注意事项

1. 优化招聘人员的技能结构

传统人力资源从业者的专业背景，通常以经济管理类为主流，而对信息技术、数据挖掘方面的知识储备有所欠缺，但处理海量的信息必须通过技术手段，这就对招聘团队提出了更高的要求。因此，在运用大数据之前，应优化招聘人员的技能结构，企业一方面可以引进计算机、数学等相关专业背景的数据分析人员；另一方面要对现有的招聘人员进行相关技能的培训。

2. 抵制和甄别虚假信息

大数据技术虽然提高了招聘效率，却难以确保数据的真实性。为此，企业管理者需建立一个可评价的职场信用体系，既可对人才招聘起到保障作用，又可对求职者起到约束作用，减少信用缺失事件。例如，当下有部分企业已尝试联合同行业企业或各类招聘中介，建立员工的职业诚信档案，或利用现有的职业信用管理平台。

3. 建立人才资源数据库

管理者首先应对求职者的相关数据资料进行归类保存，其次对在职人员做好相关数据的收集，最后对离退休人员也需保存相关的数据，从而建立起一个完整的人才储备库，以便急需人才时可供选择。

4. 利用信息技术提高安全性

随着信息时代的飞速发展，企业需要不断提高信息加密技术，对重要的人才信息加锁，预防泄露。首先，提供招聘平台的企业在追求盈利的同时，应注重保护求职者和招聘者的信息安全；其次，雇主企业自身也要做好防范求职者资料和人力资源招聘相关信息泄露的措施。

大数据时代的到来，对企业人才招募来说既是机遇也是挑战。想要做到趋利避害，管理者除了充分认识到企业自身的优劣势之外，还应该研学大数据的前沿技术，并从大数据技术发展中获得更多关于人才招募的新启示，以最大限度地推动组织人力资源的发展。

3.3　线上线下招聘，直面优秀人才

时代在变，人才需求在变，而不变的依然是“人才制胜”的竞争法则。今天的人才市场，企业正逐渐失去话语权，真正主宰人才市场的因素，正在回归人才本身。

微软公司创始人比尔·盖茨曾说：“如果让我带走微软的研究团队，我可以重新创造另外一个微软。”可见，在知识经济条件下，企业是人才撑起来的。

企业的竞争，其本质是人才的竞争。人才是影响企业生死存亡的关键，“得人心者得人才，得人才者得天下”。虽然寻得优秀人才的方式越来越多，但管理者做好线上线下的基础招聘工作，依然是一项重要的任务。

为什么一定要重视线上线下的招聘？

答案不言而喻，它们是招聘的核心，其他任何类型的招聘，其本质都是线上线下的细分领域。换句话说，再新颖独特的招聘方式，最终依然要回归到线上线下。因此它们的特点需要招聘工作者充分掌握。

我们先来看一下常见的线上线下招聘方式，以及它们各自的优缺点，见图 3–7。

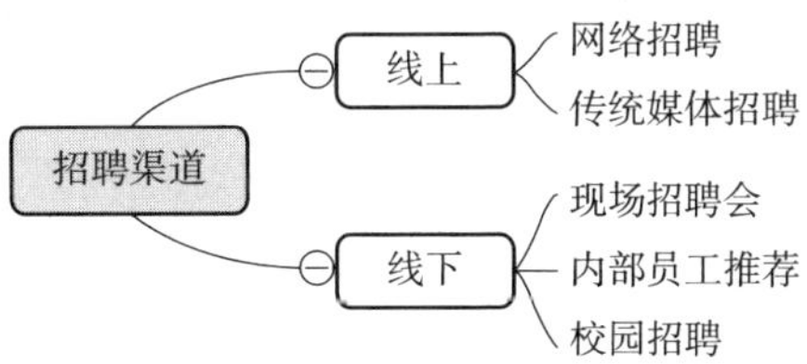

图 3–7　常见的线上线下招聘渠道

线上招聘方式，主要包括互联网络媒体的广告宣传招聘（简称网络招聘），以及广告牌、报纸、广播电视等传统媒体的广告宣传招聘（简称传统媒体招聘）。

1. 网络招聘

随着互联网的不断发展，网络招聘已经成为招聘大量人员的主要渠道。它具备四个明显的优点：

1）招聘信息可以定时、定向发布，信息发布后可以进行实时管理。

2）费用相对较低。

3）操作简单。从筛选简历、面试邀请到短信通知，基本上可以一键搞定。

4）招聘效率高。一般来说，各大招聘网站都会提供统一格式的简历和邮件，可以大大降低简历筛选难度，进而可以加快简历处理的速度，提高招聘的工作效率。

它的不足之处在于：

1）简历的数量、质量无法保证。

2）招聘效果会受到网站的知名度、公司排名顺序的影响。

3）会接收到海量信息、病毒文件、垃圾电话、推销电话。

4）被求职者放鸽子、爽约的现象屡见不鲜。

虽然网络招聘是深受当今职场人喜欢的一种招聘渠道，但是其招聘成功率并不高。相关统计表明，一些通过网络渠道进行招聘的规模较大的企业每周会接收到 500~1000 份简历，要在这些简历中筛选出合适的人才，其难度可想而知。

2. 传统媒体招聘

广告牌、报纸、广播电视是比较传统的招聘渠道。例如，我们在地铁、公交车上会常常看到一些招聘信息，这类招聘渠道的特点是，招聘信息的接收度、受众面和覆盖面都比较广。

但这种招聘渠道也有不足之处，主要如下：

1）你可能会收到大量的简历，简历筛选的难度会大大增加。

2）招聘官的工作量会增加，进而会延长招聘周期。

3）投递简历的求职者能力、素质参差不齐，会影响招聘效率。

4）费用相对较高。

如果企业的资金和时间比较充裕，尤其是涉及量大、层次较低的招聘需求时，比如短期内需要招聘 100 名客服人员，那么可以选择这种招聘渠道。

线下招聘方式，则主要包括现场招聘会、内部员工推荐以及校园招聘。

1. 现场招聘会

现场招聘会是一种传统的招聘渠道，主要有以下三个优点：

1）费用不是很高。

2）招聘官可以和求职者面对面交流，求职者关心的一些基本问题在现场基本都能得到解答。

3）面试效率比较高。

现场招聘效果的好坏，取决于是否在招聘旺季，以及主办方的宣传和主办方的知名度、影响力。对于求职者的数量、质量，现场招聘会很难保证。因此，现场招聘会呈现出两极分化的趋势，一种是低层次岗位大量需求的普通招聘会，另一种则聚焦于高端稀缺岗位的精英见面会，并且前者居多。

2. 内部员工推荐

内部员工推荐是指，公司将招聘需求明确告知公司的每位员工，然后让他们根据招聘需求，向公司推荐合适人才的一种招聘方式。这种招聘方式有三个优点：

1）成功率高、招聘费用少。

2）推荐人才的素质、人品、态度和能力基本上可以得到保证。

3）可以趁此机会宣传企业文化。

内部员工推荐也有不足之处：

1）员工认识的人有限，因此人才选择面比较窄。

2）招聘官在做出决策的时候，还要花费时间和精力考虑推荐者自身的因素。

3）推荐者推荐的都是与自己关系很好、很亲近的人，这样很容易形成“派别”“小组织”，导致公司内部不团结。

4）如果推荐者离职，那么被推荐的人也会受到影响，甚至出现集体离职的现象。

选择这种渠道招聘人才的时候，一定要谨慎。

3. 校园招聘

校园招聘是一种特殊的线下招聘途径，是指招聘企业直接从学校招聘应届毕业生的一种方式。校园招聘已经成为企业招聘中的重要一环，主要用来建设企业核心人才梯队。它有以下四个优点：

1）极大地提高了企业在高校圈子里的知名度。

2）为企业提供了丰富的人力资源储备。

3）学校往往会提供各种免费的服务来吸引招聘企业，这种方式能明显降低招聘成本。

4）能够为今后的校企合作长期输送人才奠定良好的基础。

当然，它也有不足之处：

1）应届毕业生理论知识较为丰富，但是实操经验少，短时间内无法为公司创造经济效益。

2）刚毕业的大学生往往对社会、企业的期望比较高，短时间内可能无法适应企业。

3）刚毕业的大学生很可能出现眼高手低、心高气傲等工作态度。

4）企业需要付出更大的成本去培训、培养。

5）容易出现集体离职的现象。

综合上述优缺点，企业要根据发展现状来决定是否采取校园招聘。如果企业急需能够立即上手的人才，那么这种渠道显然是不合适的；如果企业考虑的是长久发展问题，这无疑是最佳的招聘渠道。关于校园招聘，我们会在本章的最后一节具体阐述。

招聘渠道只是我们在招聘时，需要面临的一个简单问题。一个岗位可以有很多种招聘渠道，选择上自然较为轻松，但招聘工作者要知道的是，为什么要选择某种招聘渠道，选择它的深层次理由究竟是什么。这就涉及招聘管理工作的必要性了，它包括三个方面，见图 3-8。

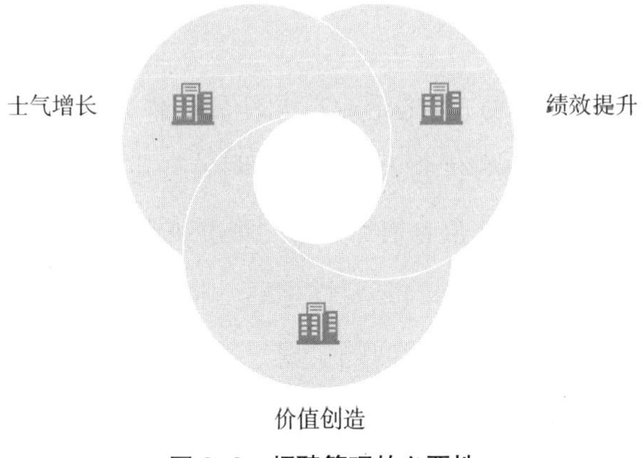

图 3-8　招聘管理的必要性

1. 士气增长

企业中的大多数工作都需要由多个员工共同组成的团队来完成。这就要求管理者在配备团队成员上，了解和掌握员工在认知和个性上的差异状况，按照工作要求合理搭配，使其能够和谐相处，增强团队整体的士气，让每一个员工都被团队其他成员所感染、所激励，进而也能提升团队的绩效成绩。

2. 绩效提升

利用规范的招聘程序和科学的选拔手段，可以吸引和保留企业真正需要的优秀人才。优秀的员工往往能够很快地进入工作状态，能够在很短的时间内创造工作业绩。创造员工的高绩效，推动组织整体绩效水平的提高，是一个企业管理者追求有效招聘管理的高级境界。

3. 价值创造

一开始就聘用到合适的人员，会给用人单位带来价值。据估计，这种经济收益相当于现有生产力水平的6%~20%。有专家认为，在小型组织中，招聘管理的有效与否是造成盈利和亏损差别的关键所在。企业提升招聘管理能力，招聘合适的人才，可以提升士气与绩效，归根结底，依然是为企业创造价值。

有价值创造的活动，才是企业在做任何一件事时，最低层的需求。可惜的是，企业为了争夺优秀人才都在“明争暗斗”，却忽略了招聘的核心价值这一环节，结果是企业招到人才的难度越来越大。

在明确了招聘管理活动的必要性之后，招聘工作者需要明确，如何才能推动招聘核心价值在企业内的实现，如何确保按照企业的发展目标提供及时的、合理的人力供给，在合适的时间将合适的人招到合适的岗位上。对此，以下三方面工作务必有效推进，见图3-9。

图 3-9　招聘工作推进的三方面工作

1. 主动推进

招聘需要人力资源管理部门及其他部门的通力协作。等着用人部门下达招人计划后被动招人是企业招聘的常态，但做到先利其器，主动推进，才更有利于招聘的展开。也就是需要把有关的用人计划、流程、标准规范化，系统地完成工作分析，形成完整实用的公司岗位职务说明书，为招聘工作定好规矩；根据公司的战略规划与具体业务发展规划，预测人才需求，制定招聘规划方案。这样才能使招聘科学化、规范化，减少任意性，增加可控性。

2. 多渠道建设

为了更好地实现招聘的价值，我们要建立多种渠道，全方位、立体化地开展线上线下招聘工作。分析每种渠道的特性，选取较为合适的渠道招聘某类型人员，是招聘工作者的基本功。同时，维护好不同渠道，提高渠道的有效性，和不同渠道的供应商保持良好关系，也是招聘工作者不可忽视的一项工作。

3. 收集人才信息

招聘工作者如果只是熟悉公司历史、企业文化、业务发展、业界情况，拿着任职资格要求说明书，是招不来合适人才的。生搬硬套只能招聘到最基础的岗位人员，想要引入高端人才，招聘工作者应该多站在招聘外看招聘，多与相关部门和内外人士交流，做到既懂招聘又懂业务、既懂需求又懂人才特性，如此才能做到人才招聘的有效性、高效性。

总而言之，招聘的价值不在于把人招进来，而是把符合岗位需求、公司需求的优秀人才招进来。招聘工作要做到内外兼修、刚柔并济。它在人力资源中承担着市场宣传、个企连接等多重角色和任务。

做好线上线下招聘，直面优秀人才，决定着组织中各项人力资源管理工作能否顺利开展。招到不合适的人，比招不到人的后果更严重，因此减少人才重置成本是招聘工作效率提高的表现之一。

3.4　猎头推荐高端人才

在职场上工作过几年，再换份工作，即便之后都没有刷新简历了，依然会偶尔接到猎头的电话，问自己对某个岗位是不是有兴趣。这种经历想必很多身在职场的人都曾经有过。猎头在今天看来，已经不是什么新鲜职业了。虽然随着越来越多的人进入到猎头行业，让这个行业显得鱼龙混杂，但不可否认的是，与职业化的猎头合作，依然是寻求高端人才的有效途径。

所谓“千金易得，一将难求”，猎头最主要的优势就在于，他们手上往往有众多优质资源，推荐的候选人精确度高，能够快速匹配企业所需。某一研究机构曾指出，企业在绩效或市场价值上的差异，有 40% 的原因归于高端人才。因此，即使是一家中型企业，也能通过选择更好的高端人才，使市场价值增加。

我们经常会看到一些企业的高端人才变动频繁，“招错人”的概率很大，这对企业发展的影响可想而知。高端人才招聘不是一件容易的事，它受很多因素的影响。而高端人才对企业发展的作用举足轻重，高端人才的绩效贡献要比普通人才的绩效高得多。毫不夸张地说，选择谁来当 CEO 对企业盈利能力的影响，绝不低于企业做出是留在当前的行业，还是换一个行业的战略决策对盈利能力的影响。

在这一大背景下，选择与猎头合作，成为多数企业高端人才招聘的主要渠道。但很多时候，企业把高端职位外包给猎头公司，以为万事大吉，什么都不用管了，随后发现猎头推荐的高端人才并不理想。特别是在企业和猎头公司对接的过程中，各种问题和矛盾不断涌现，使企业继续与猎头合作的意向逐渐消减。

这些问题之所以会出现，是因为企业缺乏对猎头资源的有效整合与管理，不同阶段的沟通方式与效率也有待提升。我们需要认真思考一些基础性问题：如何让猎头成为企业的合作伙伴，如何合理化布局猎头渠道及其应该处于什么位置、所占比例如何、作用是什么、需要什么资源支持等。所以，选择合适的猎头，等于招聘成功了一半，这句话一点也不夸张，尤其对于企业来说，职位越是高端，选错人的容错率越小，损失也就越大。

猎头的选择如同婚姻的选择，如果一开始就没选对，在以后的相处中一定会出问题，也就谈不上甜蜜与快乐。企业往往较为看重猎头公司的服务费比率、服务保证期等，但这些都不应该成为首要的考察指标。对猎头公司在介绍业务时，喜欢提及的人才库与兼职顾问数量等指标，也不需过多关注，这些因素很难考察，不具代表性。

企业在选择猎头时要更多地关注本质层面的东西，如需要知道什么是猎头的核心优势，如何让该优势与企业内部的资源形成互补等。具体来说，这些因素可以归纳为以下四个方面：

1. 猎头公司的业务优势

企业需要了解该公司擅长寻猎什么地域、什么行业、什么职位、什么类型的人才，这些优势与企业的实际需求是否相吻合。

2. 对行业的理解与洞察

猎头公司对本行业的理解高度与深度如何，能否把握行业发展状况与竞争态势，是否有本行业同等规模企业的相关成功案例，这些均能反映猎头公司相关行业的项目操作能力。

3. 项目团队的背景

企业需要了解猎头公司项目团队成员的背景、数量和项目运作方式。比如，猎头顾问是否有过同行业的经验、项目团队如何进行管理协调等。举例来说，有的猎头公司实行项目责任制并跟踪周计划，可以较好地把控项目的进度，而有的猎头公司成立了统筹协调各区域分公司工作的机构，便于分公司之间共享资源。

4. 职业化、专业化程度

从猎头顾问的过程服务质量上，可以看出其职业化与专业化程度的高低。比如，拜访客户时的形象和言谈举止、邮件的发送、电话用语、分析问题的思路等。

企业一旦打算启用猎头服务，必定存在核心岗位的招聘需求，这就决定了企业在猎头渠道的年度经费预算，少则几万元，多则几十万元，甚至上百万元。有些企业甚至会安排一个员工专门负责猎头管理工作。

如前所述，猎头行业现在的门槛较低、鱼龙混杂，如果不分辨清楚就签约合作，不仅要耗费很多金钱、时间与精力进行管理，还很难保证招聘质量，甚至影响招聘工作的正常运转。因此，了解猎头的基本背景、进行猎头筛选是第一步工作，第二步则要做好猎头资源的布局。

布局是为了更合理、更高效地用好猎头这一招聘工具，就像招聘网站一样，不同的岗位、不同的地区，就会采用不同的招聘渠道。在猎头的布局上，可以进行以下三个方面的思考，见图 3-10。

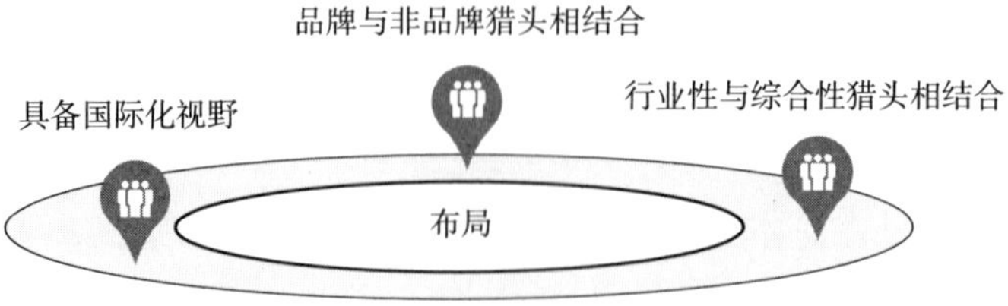

图 3–10　猎头布局的三方面考虑

1. 具备国际化视野

现在很多公司都谋求全国甚至全球布局，本身就需要更大的招聘视野。即便仅谋发展于一地，也要突破企业所在地的局限，从全国甚至国际的角度进行猎头公司的选择与布局。比如，驻地在北京的公司除了本地的猎头公司外，还可以开发如上海、深圳的猎头，这些区域都是中高级人才聚集的重点区域，能够为企业带来更新鲜的血液。如果是跨国性企业，除了与在中国经营的猎头公司联络外，还可以考虑美洲、欧洲、澳洲等公司涉及区域的猎头服务，它们会为企业的招聘工作打开一扇崭新的窗户。

2. 品牌与非品牌猎头相结合

有些企业在与某一家或某一类品牌猎头公司建立合作关系后，通常就不再更换新的猎头公司，无论招聘什么样的人才都直接交给对方去做，这不利于猎头资源的合理利用，因为不同猎头公司的优势与人才库不一样。品牌猎头公司运作比较规范、资源渠道比较丰富，而非品牌猎头公司运作更灵活，往往具有独特的资源渠道，在价格上也会更加优惠，有利于公司招聘成本的控制。因此，对于难度相对较低的岗位，可以尝试着让非品牌猎头公司去运作，说不定能有意想不到的效果。

3. 行业性与综合性猎头相结合

企业找猎头公司肯定优先考虑行业性猎头。行业性猎头了解行业发展动态、业务流程、岗位职责、任职资格与人才分布，能够更快地确定合适的招聘渠道，能与候选人深入沟通，对人才的甄别也更准确，可以大大降低企业的沟通成本。但在行业边界越来越弱化的今天，跨行业成为一种趋势。

跨行业人才，能够带来非本行业的独特思考，利用得好，能起到事半功倍的效果。而企业之所以寻找猎头，就是希望猎头能够提供这种宝贵人才，那么企业就应该从猎头的选择上，先做出改变，继而才能利用猎头实现自己的深层次需求。

猎头的选择，以及猎头的布局做好之后，是不是就可以放心大胆地把重点岗位给到猎头，企业只需要等着合适的人选上门面试呢？这种想法显然不现实。在实际操作中，发生任何意料之外的情况都不足为奇，猎头和企业在人员需求上一定存在着某些细节上的差别，因为猎头毕竟对公司业务不熟，不了解岗位职责之外的其他信息，在推荐人选时，就不可避免地会出现偏差。因此，企业的招聘工作者和猎头必须做到紧密的沟通与配合，这样才能高效完成高端人才的招聘工作。很多时候，招聘工作者抱怨猎头人才推荐速度慢、质量不高等，本质上都是自己引起的。

为了配合猎头顾问工作的顺利开展，招聘工作者可以通过三种方式进行引导或提供支持与帮助。

第一，多与猎头顾问沟通行业与企业的发展信息，增强顾问对本行业的理解，让他们能从企业的角度考虑问题。

第二，引导猎头顾问从企业招聘决策链的角度，分析人才需求。比如，在招聘流程每个环节中，公司领导关注的重点因素与特殊要求。

第三，告知猎头顾问本企业的工作方式与沟通风格，建议顾问采取灵活、个性化的沟通方式。

经过以上三个方面工作的配合，猎头这一招聘渠道的运用才能起到理想的效果。对企业来说，猎头并不是单次的合作，更不是一成不变的事情。企业始终要牢记，用猎头是为了招聘到更优秀的人才，因此还有一件事情是企业内部需要实时跟踪处理的，那就是建立猎头管理与激励机制，给猎头资源吹入新风。正所谓“流水不腐，户枢不蠹”，如此才能让高端人才蓄水池成为源头活水，而不是一潭死水。以下两点措施可以保持猎头的活性，见图 3–11。

图 3–11　保持猎头活性的两点措施

1. 定期更新猎头资源库

企业可建立对猎头的评估指标，并定期（季度、年度）评估，同时将评估情况反馈给猎头公司。当然，这一考核需要在与猎头签订合同时就加以说明，以免出现双方理解不一、合作无法进行下去的复杂局面。评估指标可以是人才推荐效率（推荐人才的平均天数）、人才推荐成功率（录取人数 / 推荐总人数）、服务质量（对接过程中失误的次数）等能体现招聘效果的指标。

同时，企业要主动扶持、培育表现较佳的猎头公司，让其与企业结合得更紧密，成为企业可信赖的人才战略伙伴。比如，可以让猎头顾问进驻企业一个月，与企业招聘工作者一起工作，与业务部门直接沟通。

对表现不佳的猎头公司，HR 需要及时提醒，同时减少资源投入。比如，每季度可淘汰一家业绩差的猎头公司，并增加一家新的猎头公司。

2. 个性化、动态性的激励措施

企业可建立分层次的猎头管理体系，并对不同层次的猎头公司确定量化的激励措施。比如，某公司将猎头资源分为四类：S 类（卓越）、A 类（优秀）、B 类（合格）、C 类（不合格），并分别设定不同的服务费比例与定级标准。在年度服务费比例激励的基础上，企业还可增加短期动态性激励。比如，针对不同周期（3 个月或 6 个月）内推荐成功的职位奖励不同的服务费点数，针对不同职位的推荐成功率（录取人数 / 推荐总人数）奖励不同的服务费点数。

猎头工作看似轻松简单，想用好却依然需要花费不少的心思，这也是为什么长期使用猎头的企业，会设置专人跟踪猎头这一条招聘渠道。猎头资源的管理和激励是一项长期工作，也是企业人才渠道与资源管理的重要工作。

企业要有策略、有方法地培养外部人才战略合作伙伴，整合企业内外部资源，才能取得高端人才招聘的成功。同时在与猎头合作的过程中，保持平等的沟通与互动，主动帮助猎头公司提升寻猎效果，促进双方达到高效、和谐的合作状态。

3.5 熟人引荐稳定人才

我们在外出做招聘培训的时候，经常会讲起身边的一个案例。

有位张姓员工，是深圳一家制造型企业模具部的资深技工。他一个人在深圳工作多年，七年前结了婚，妻子老家在湖北黄石，孩子将要上小学。

妻子也从事数控加工工作，对于火花机的操作非常熟练，张某的技术甚至还是向她学的。

张某的老板平时经常到车间里"闲逛"。有一天问起他的家庭生活情况，张某在无意中透露出妻子在老家工作，也从事数控加工工作，并且技术很好，最近希望到深圳寻求一份工作，解决两地分居的问题。

若按公司制度，张某的妻子无法通过正常招聘渠道入职公司，因为直系亲属不能在同一个部门工作。

随后老板征询我们顾问的意见，我便对张某的妻子进行了电话面试，最后认为其技术完全符合该岗位的任职要求，她的加盟能为公司数控加工的发展带来贡献，并且考虑到张某本身能力得到认可，熟人引荐，稳定性比一般候选人更强，建议给予录用。

按照制度，这件事需要老板特批，老板毫不犹豫回复"同意录用"。

通过这个案例，我们想说明的是，人才招募的确需坚持原则，但也应从企业经营管理的实际出发，"广开才路"。熟人引荐作为一种特殊的招聘方式，如今越来越得到企业管理者的重视，其优点主要包括以下四个方面，见图 3–12。

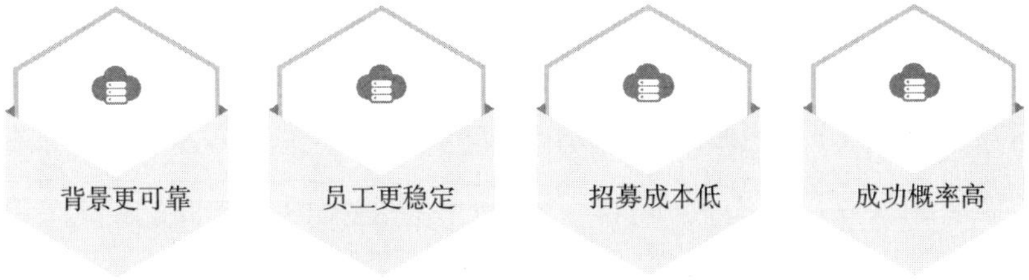

图 3–12　熟人引荐的四个优势

1. 背景更可靠

熟人引荐的候选人，因其介绍者是公司员工或商业伙伴，管理者在了解其履历背景时可以得到更为精准、详细的信息。同时，按照“物以类聚、人以群分”的理念，介绍者大多会推荐与其性格相仿或能力相当者，因此这种方式往往比传统招聘渠道更为可靠。

2. 员工更稳定

熟人引荐的候选人，通常会比其他方式招聘的员工更加稳定，即流动性较低。候选人一旦被企业录用，心理层面上会顾及介绍者的关系，工作上也会更加努力。

3. 招募成本低

由熟人引荐方式加盟的新员工，比起传统的招聘方式，省去了企业雇主在广告投放、现场招聘会、劳务公司等诸多方面的招募成本，从经济性来说对企业更为有利。

4. 成功概率高

由于介绍者会顾及个人声誉、信用，在引荐人才时会竭尽全力，从自己家人或朋友圈子里选择最合适的人，以不辜负企业对其的期待，因此人岗匹配度往往更好，招聘的成功率也更高。

有关资料显示，美国微软公司约有 40% 的员工是通过内部员工引荐的方式招聘到的。而在我国珠三角、长三角的广大地区，也有大量企业在招募基层员工时会采取“老乡介绍老乡”的方式。熟人引荐可以招募到更稳定的人才，但有利亦有弊，管理者需避免两个方面的问题，见图 3–13。

图 3–13　熟人引荐的两个常见问题

1. 晕轮效应

由于候选人与介绍者之间关系密切，一些面试官往往会先入为主，产生晕轮效应，想当然地认为候选人是经内部员工或可靠人员介绍的，应该不会差。这样的想法很容易造成对候选人实际能力的错误判断，直接影响到招聘质量。

2. 裙带关系

在组织中，假如某一个团队的员工均由熟人引荐组成，当组织的决策威胁到他们自身利益时，很可能会出现“小圈子”或“山头主义”，变革推动的难度会加大，同时给企业文化带来消极的影响。

从管理的角度看，员工可以通过内部邮件、公告栏、官网等渠道获取公司最新的招聘信息，并通过一定的推荐流程举荐符合条件的熟人。企业若想充分发挥内部推荐的优势，提高招聘效率，应从六个方面着手，见图 3–14。

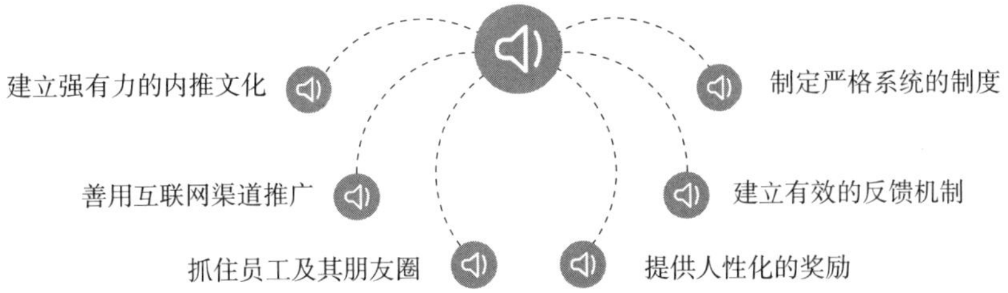

图 3–14　内部推荐制度建设的六个方面

1. 建立强有力的内推文化

首先，人力资源管理者应将内推文化传递到公司的每个部门，使员工意识到内推引荐与自己息息相关。其次，充分利用可以给企业引荐人才的一切资源，例如领导、刚入职的新员工以及供应商等。

2. 善用互联网渠道推广

说到内部推荐的形式，同事朋友间的口口相传已显得较为落伍，目前许多企业已经将互联网平台打造成内部推荐的最佳招聘渠道。例如在微信小程序上员工便可一键式查看职位、转发招聘信息、反馈面试情况等。

3. 抓住员工及其朋友圈

这里所指的朋友圈，包括员工身边的社交圈及员工微信上的朋友圈。例如某企业希望招募销售业务员，人力资源部将内推职位信息发布至微信平台，公司销售部员工便可在朋友圈一键分享，吸引身边有跳槽意向的同行前来应聘。可见，借助员工及其朋友圈，企业招聘往往会达到事半功倍的效果。

4. 提供人性化的奖励

许多企业都会对员工内部推荐给予奖励，但考虑到员工引荐并非每次都能取得成功，管理者可采取积分制管理，但凡推荐人才便以积分的形式进行积累，累积到一定分数，便可获得相应的奖励，这样做不仅能调动员工积极性，还可将内推文化渗透到企业的每名员工。

5. 建立有效的反馈机制

在管理实践中，我们会发现有的企业员工并不热衷内部推荐，除了尚未建立完善的内推文化以外，最重要的就是没有做到有效反馈。通常情况下，企业招聘人员应在一周内对候选人做出面试情况的反馈，与此同时，介绍者也需知晓自己引荐候选人的面试情况，如果成功录取，内推奖励也应及时兑现。

6. 制定严格系统的制度

关于熟人引荐，有人评价其是办公室政治的导火索，让员工望而却步。为打消这一顾虑，管理者需制定严格的内部推荐制度，如严禁中高层人员推荐下属职位、所有内推候选人均需符合公司招聘程序等，将内部推荐这项工作上升到制度层面管理，便能有效应对上述问题。

总而言之，通过熟人引荐招募的人才稳定性更强，也能提高招聘成效，但企业在采用员工内部推荐的同时，应配合其他招聘渠道，弥补熟人引荐的缺陷，完善企业招聘管理体系。

3.6　媒介引流挖墙脚，招到顶级人才

4G 通信网络的发展，给各行各业带来的变化非常大。很多工作环节，逐渐由线下的人工操作转到了线上的“一键直达”。

我有一个朋友出去面试，到了对方公司直接在前台扫码，除了需要当面沟通的部分以外，整个流程基本都能实时查看到。或许给招聘工作者直观的感受，除了流程更便捷、招聘信息实时更新存储之外，并没有什么本质的变化，但其实有一点已经发生了非常大的转变，那就是招聘渠道。

前几小节，我们一直在阐述外部渠道的建设，但实际上渠道已经越来越模糊化与扩大化。模糊化是指，渠道的边界变得很模糊，招聘工作者难以将某一个渠道明确地归为某一类。而扩大化是指，渠道不再单一与明显，似乎“招聘”这一标签，可以打到任一具备社交性质的媒介上去。你会发现，朋友圈可以，微博可以，就连抖音这一款娱乐产品，也可以发招聘信息。它们最初的设计目的并不是招聘，但随着流量的进入，招聘也可以在此形成链接。

我的一个创办公司的朋友，根据战略发展开始踏足智能驾驶领域，公司通过猎头挖到了一位非常符合企业定位的成熟人才。

令我的朋友更惊喜的是，这位人才还是一位微博达人，拥有近百万

粉丝。他仅仅出于兴趣爱好，在微博上做一些智能驾驶方面的分享，没想到慢慢积聚起了如此多的人气。他的粉丝群体从有求知欲的行业新人，逐步囊括了同行的大 V。

凭借着这些粉丝人气，他帮助公司找到了好几个智能驾驶方面的人才，无一例外都是通过微博引流而来的。每次的人才挖角，都让领导感叹不已。早已不再接触一线招聘工作的领导，开始以全新的眼光看待那些新兴的网络媒介。

随后，公司开始重视微博、抖音等平台的运营，寄希望于通过平台积聚粉丝，不仅传播公司品牌力，更是想让这些平台成为公司的“外部人才池”，以很低的代价，获得高质量甚至是顶尖的行业人才。

在与同行做交流分享时，我经常会说到这个例子，就是想告诉大家，招聘的本质其实就是运营。不论是传统渠道，还是借助媒介的引流，都是在让潜在求职者知晓公司，并愿意前来做进一步了解。

交流的同行经常会提出一个问题：借助这些方式招人太慢，前期投入并不单单是人的问题，还有时间和大量的前期运营准备工作，如此算下来，或许并不划算，并且企业如果太小，本身就已经是“一个萝卜一个坑”，为了招人而额外补充人力做前期工作，反倒有点“画蛇添足”。

很多还未意识到以媒介引流为基础的招聘运营重要性的企业，确实会存在这一问题，这是因为目光还未放开。

首先，运营不单单只是招聘运营，它完全可以列入企业的品牌运营中。更准确地说，媒介引流招聘人才并不是根本目的，扩大企业品牌知名度、宣传企业形象才是运营的根本所在，招聘不过是搭上了这一“顺风车”。

如果企业一开始就是冲着招聘去的，就很难产生效果。潜在人群都不了解企业，又怎么可能因为一则招聘信息就对企业产生兴趣？就如同校园招聘，企业只有先宣传，让学生知道企业的存在以及企业的特点，才能够吸引到目标学生前来参加宣讲会，也才能筛选出符合企业要求的学生。当把招聘运营放到企业运营里时，就并不存在为了运营而额外招人的局面。

其次，不要限制了运营的适用范围。并不是只有利用媒介引流，才需要运营。运营的本质是服务，让身处其中的人能够在无形中感受到企业鲜明的特点。这种特点可以传递给求职者，增强求职者的判断——自己是否与企业契合，是否有兴趣加入企业一起向前走。我朋友去公司面试，通过扫码就能知道每一步的动向，这种体验感就非常舒服，能让他实时掌握动态，给到他的感觉就是，企业是能够站在求职者角度去考虑问题的，毕竟每一个求职者都希望及时了解面试的动态。

但如果换一家企业，全部流程都是纸质档，不主动打电话询问，就不会知道流程走到哪一步了，甚至打电话了都不愿透露，给到他的感觉肯定就非常糟糕。这两者的区别，本质上就是运营思维的运用，前一家企业在以更高效、更具感知的主观体验方式，让求职者主动了解公司。

在理解了以上两点的前提下，想要做好媒介引流的招聘运营，企业至少要做好三方面的思想准备，见图 3-15。

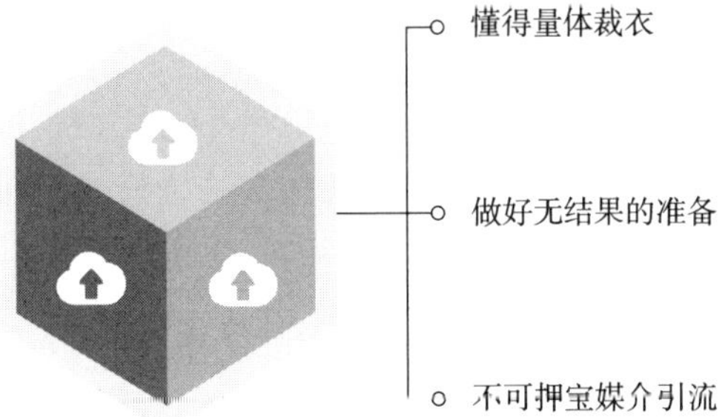

图 3-15　媒介引流的三个思想准备

1. 懂得量体裁衣

诚如有些同行的疑问，企业太小是不是就没必要做媒介的引流？这个问题的一部分答案刚已经讲到，不论企业大小，运营都是实际需要的，延伸来说，平台运营起来，还能带来一定的收入，可以把人力资源部门从纯粹的成本支出部门转变为业务收入部门。

但从招聘角度来说，有些企业确实用不到。企业本身对高端人才的需求量很小，或者不具备吸引高端人才的实力支撑，大可把更多精力放在传统的招聘渠道开拓与维护上。零星的高端需求，通过主动招聘与猎头辅助的方式完全够用，万不可为了运营而运营。

2. 做好无结果的准备

媒介引流只是一种渠道的建设方式，它和传统的招聘没有本质的区别，至于最终效果如何，还是要回归到招聘本身。企业不能指望开拓了这一渠道，就能够“坐收渔翁之利”，不论是前期的运营投入，还是后期的维护与创新，都需要企业招聘运营者开动脑筋。只有先把基础打扎实了，才能去谈结果的好与坏。

与其他渠道不同的是，媒介引流很可能短期内是看不到效果的，它主要依赖于流量的大小，只有大流量的存在，才会不断扩大覆盖面，尽可能囊括更多潜在候选者。而流量如何，与运营的效果息息相关，也就是前期投入。

3. 不可押宝媒介引流

很多初步尝试媒介引流的企业，都把媒介引流当作一种“万能药”，认为通过对其良好的运作，可以解决招聘的难题，这无异是在实践过程中弄错了对象。运营是企业需要的，但媒介引流却并不一定。如果运营能把其他的招聘渠道运用得十分娴熟，那么不单独强调媒介引流也并无大碍，毕竟其他渠道本身也是一种媒介，也存在着引流。媒介引流是一件锦上添花的事情，切不可当作主体来对待。

只有对以上内容有一个理性的认识，企业才能考虑在哪些平台上去运营企业，能够对招聘起到帮助作用。至于具体要如何运营，每家企业情况不同，总会有一些属于自己的独特方式与方法，这些特色与企业在业务往来过程中形成的观念密不可分。因此，除了专业的招聘运营人员之外，招聘工作者还要能联合其他部门，共同对这一渠道加以深挖与拓展。最基础的莫过于公司官方公众号的运营。

3.7 与高人合作，借用人才

1998年，可以说是华为公司发展历史上具有重大意义的一个时间点。在这一年，成立只有十年的华为，将其IPD（集成产品开发）项目交由引进的咨询公司负责，随后短短几年时间，华为给咨询公司支付了将近20亿元人民币的巨额咨询费。在当时，国内对咨询服务的认知相对比较空白，华为给出20亿元人民币咨询费的大手笔，让业界内许多人感到惊讶，就连华为的很多员工也觉得不值。

回到现在，谈到华为聘请咨询公司的举措，人们剩下的只有对华为超前布局的由衷佩服。目前，华为每年依然支付高昂的费用聘请咨询顾问。

“一个出色人才能顶50个平庸员工”，这是史蒂夫·乔布斯的一句名言。这句话甚至发展为“乔布斯法则”，风靡西方管理界。

这个法则背后的一层意思是，假如企业在招聘人才的过程中，短期内物色不到合适的候选人，管理者不如考虑与外部高人合作，实现优质人力资源的共享。像华为公司这样聘请咨询顾问的做法，就是一种值得借鉴的方式。

所谓咨询顾问，是指在某些领域内十分出色的专家，他们可以帮助企业、组织或个人进行业务分析、问题诊断并提出解决方案。由于受众多、涉及的专业范围广，不同的咨询公司与咨询顾问所具备的专业能力也会有差异。我们以咨询公司为例，目前市场上为企业提供咨询服务的机构，按业务类型划分主要有以下三种，见图 3–16。

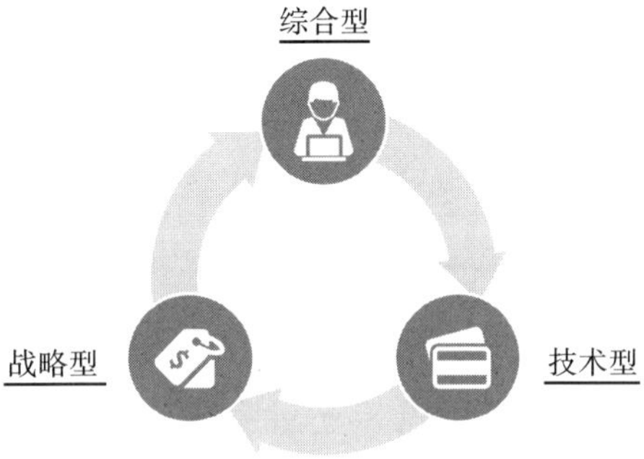

图 3–16　咨询机构的三种类型

1. 战略型咨询机构

企业需要战略咨询服务的目的是解决经营发展中长期性、持续性、根本性的问题。这一类的咨询顾问通常从宏观层面去看待问题，对企业进行全局分析，从组织内部架构与外部宏观环境的分析，来判断企业战略的合理性，提出改善建议并进行指导实施。

战略咨询的定位相对其他咨询服务来说更显高端，如人力资源战略、产品研发战略、业务转型战略、品牌战略等都属于战略咨询业务范围，主要的代表有麦肯锡咨询公司、波士顿咨询集团等。

2. 综合型咨询机构

综合型，顾名思义，即业务范围广、呈现多样性的咨询服务。综合型的咨询公司主要有两个特征：一是广泛性，从业务领域及服务范围看，不管是宏观层面还是某个专业领域，咨询顾问都会触及；二是研究性，这类咨询公司经常会对某些热门话题和未来的发展趋势进行研究，并发布相应的研究报告。主要的代表有四大会计师事务所等。

3. 技术型咨询机构

相比前两种咨询服务，技术型咨询服务更讲究落地性，其服务的专业性更强。顾问一般是针对某一专业领域中的具体问题而进行咨询活动。例如 IBM 咨询公司，就是利用其领先于世界的 IT 技术研发水平，找到业务与 IT 的交合点并切入，从而成为技术咨询领域的行业巨人。

值得一提的是，国内很多中小企业在寻找咨询顾问时，往往认为或希望咨询顾问是全能人才，经常会有企业管理者要求做经营战略的顾问将薪酬绩效的内容一起完成，或做管理咨询的顾问将运营落地一并完成的情况发生。

会产生上述情况的主要原因在于，企业管理者在引入咨询服务时，没有了解清楚自身所需咨询的业务范围，及该业务范围应由哪些专业领域的顾问来完成。因此，管理者希望借助外部顾问来弥补自身人才结构上的短板，仍需要找对公司、找对人。

那么，在什么情况下企业该考虑聘请外部咨询顾问，又需要顾问来帮助解决哪些问题呢？我们可从以下三种情况进行分析，见图 3–17。

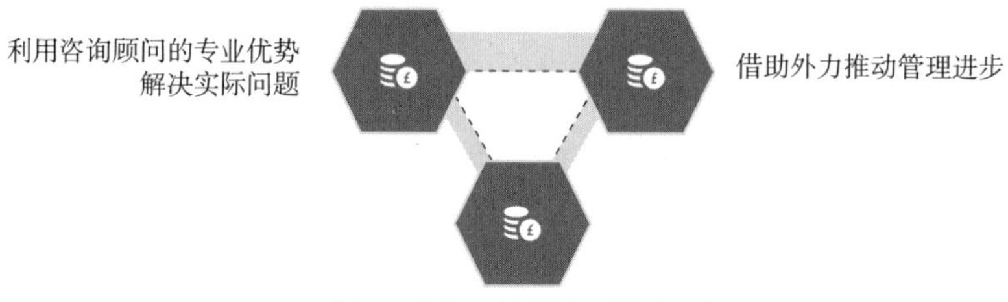

图 3–17　引入外部咨询顾问的三大好处

1. 利用咨询顾问的专业优势解决实际问题

现代企业发展至今，管理已变得越来越职业化和专业化。管理的职业化，要求企业对管理人员进行系统培训，成为职业经理人；而管理的专业化，则可以交给专业的咨询顾问来进行。如此，职业经理人可以集中精力完成其主要任务，即调配企业的资源来实现目标；而外部咨询顾问，则利用他们的专业知识、经验以及知识库，与企业管理人员配合，发挥各自的优势，从而更快、更好地解决企业的管理问题。

2. 着眼于外部人力资源的开发和利用

咨询顾问应被视为企业外部的一种人力资源，他们不仅可以通过项目来帮助企业解决具体问题，也能提出纯粹意义上的管理决策建议。通常的做法是，企业通过了解、观察，聘请一些资深的咨询专家作为企业的长期顾问，在遇到经营管理上的难题及需要做出重大决策时向顾问咨询。

这种方式给企业带来的好处是，外部顾问长期与企业接触、磨合，更能贴近企业的实际来提出咨询建议，也有利于企业做出正确的管理和经营决策，并且咨询顾问广泛了解的外部信息及其建议的客观性，都是企业内部管理者所无法取代的。

3. 借助外力推动管理进步

“自己抓自己的辫子提不起来”。在一些管理实践中，管理体系的建设光靠内部职能部门推动较难，即使有企业高管的大力支持也难以奏效，这时就有必要借助外力。

俗话说“外来的和尚好念经”。首先，在咨询领域，“外来和尚”本身更加专业化，而且可以专心“念经”；其次，企业管理者也可以借咨询顾问“念的经”将管理意图贯彻下去，而且各部门也不会像过去那样，认为是强加给他们的而加以抵触。当然，反对的声音总是会有的，但只要公司管理层坚持，通过外部顾问来形成更大的支持力量，推行先进的管理方法、建立新的管理体系就有了成功的保障。

虽然目前国内企业寻求的咨询服务更多依赖专业机构，但随着咨询行业的快速发展，相信今后会出现越来越多独立的个人咨询顾问。据了解，国内已有专门为自由顾问与企业提供对接的平台，企业只需在这些平台上发布项目需求，平台就能帮助企业找到对应项目的自由顾问。这些外部人才团队或个体，都是企业可以借用的人才，都能够帮助企业走上更宽广的道路。

3.8　离职员工返聘，允许回流人才

我之前所在的企业，体量比较大，经常有离职的员工在外面闯荡了一段时间，又想要回来。

离职员工想回来，很多企业都遇到过，但企业管理者比较疑惑的是，究竟要不要接纳他们。如果接纳，又该如何操作，毕竟工作岗位、薪酬福利，都需要重新考虑。

离职员工再回来，一般有两种情况：一是离职人员主动申请返回公司，二是公司主动联系并聘回离职员工。对于后者，我们好理解，毕竟是公司主动采取的这一行动，但主动申请回来的，究竟要不要呢？

有人认为返聘离职员工，对公司原有员工会产生不良影响，但不可否认的是，返聘已离职员工，优势也很明显。

有调查显示，返聘的离职员工，对企业的忠诚度比从未离职的员工高出 30% 以上。在外面闯荡之后，员工反而发现了原公司的好，一旦回去了，对公司会更加珍惜，工作也会更加卖力。

同时，他们对公司的制度、文化、工作环境较为熟悉，业务上手也比较快，可省掉不少培训费，降低类似新员工出现的培训后不适合公司的风险。加上他们又出去走了一圈，能带来新的经验和思维方式。不论是去其他公司工作过，还是自己的学业、专业上有所提升，这些都可以为企业注入新鲜的血液。

从另外一个层面来说，已离职的员工还愿意回来，会让其他在职员

工通过返聘员工认识到本企业的优势，对他们会起到一个稳定剂的作用。

虽说有利必有弊，但离职员工回流并不是主流的人员补充方式，只是作为一种辅助而存在，体量较小，弊端不会凸显，所以返聘离职人员自然就成为一种人才招聘的方式。当然员工想要回来，并不代表一定可以回来，企业最终的考虑落脚点，还是在人员价值贡献上。

有些公司表示，那些曾经离开过公司的人无论表现有多么出色，他们也从来不考虑再次任用。在他们的观念里，既然离职了，就证明员工的心和企业并不在一起，没必要再次招回，这种想法完全偏离了招聘的核心。

没有一个员工能保证永远不离职，只要在职的时候，能够为企业创造效益与价值，就是企业能够任用的员工。因此，建立完整的离职员工返聘制度，允许回流人才对企业来讲十分有必要。

数据显示，阿里巴巴在职员工3万人左右，但离职员工加起来，却高达5万人左右。2010年，阿里巴巴的离职员工内部出现了一个圈，大家叫它“前橙会”，在这个圈里，有很多的投资和猎头机构，他们准备随时“抢宝”。

有一天前橙会举办了一次聚会，在会上，有个创投机构的投资经理半开玩笑地说道：“从阿里出来的创业者，公司估值要比其他人多20%以上。”这句话一出，让阿里管理层意识到了公司正在浪费宝贵的人力资源。

于是2014年前后，阿里巴巴开始启动人才回流计划，邀请在外面单飞的老员工们“常回家看看”。阿里巴巴还专门成立了机构校友会，阿里的董事局主席马云和蚂蚁金服CEO彭蕾都会到场为员工们打气。马云把这些离职员工称为“敌前、敌后的5万外援”，这些外援就是阿里巴巴的强大后盾。

阿里巴巴这一决定，直到今天都没有改变，并且随着工作开展的深入，内容越来越丰富。比如，保留离职员工的工号和花名，举办阿里校友会，体检系统向离职员工和其家属开放。

作为企业，为了充分利用好流失的人力资源，管理者不能决然地对离开的员工关上“回家”的大门，反而需要敞开大门，吸引更多“吃回头草”的人才。

企业招聘离职员工，除了前面提到的一些优点外，单从培养人的角度来说也更加划算。企业培养一个新人的成本，往往高达离职员工年薪的 1.5 倍，所以找一个熟悉本职工作的离职员工，显然是一种节约成本的做法。因此，为离职员工建立返聘机制，不仅是一种人性化的管理模式，也是企业再次开拓业务、降本增效的一种途径。

在确定要引流离职员工回来的基础上，企业还需要考虑两个大的问题，见图 3-18。

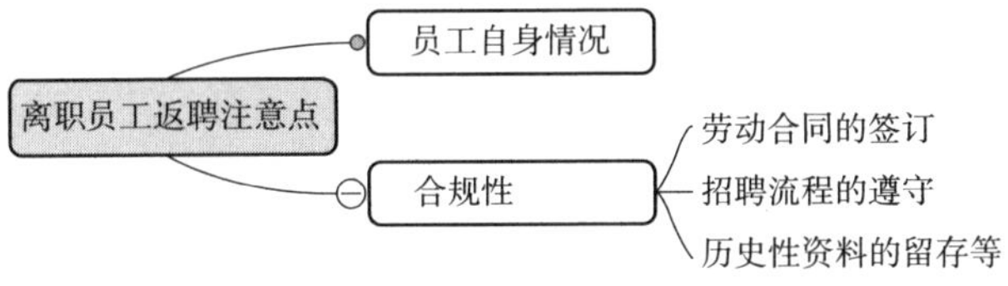

图 3-18　离职员工返聘的注意点

1. 注意员工自身情况

前文已提及，不是任何一个想要回来的员工，企业都应该敞开大门，无条件接纳。是否能回来，还需要关注离职员工过往的工作表现，如果该员工之前工作成绩得到大家认可，工作期间表现一直良好，则可以考虑。

另外，需要明确员工上次离职的原因。若不是员工与公司发展冲突或者是价值观背离、职业道德缺陷这些原因，而是家庭原因或是其他不得已但又与公司不相悖的原因，也可以接受。

最后，还需要关注员工重回公司的个人动机。这一点很重要，公司必须对该员工的工作动机进行分析调查，谨防出现员工当初离职后进入同行业其他公司工作，重新回来获取商业机密的情况。其他一些不纯的动机可能导致员工短期内再度离职，也需要加以注意。

2. 注意合规性

在合规性上，企业需要考虑三个方面的内容：

第一，签订劳动合同时，同一用人单位与同一劳动者只能约定一次试用期。公司应该对离职员工返聘次数做规定，建议不超过两次，比较常见的是返聘一次。对于重要岗位要签订保密协议，特殊人才或特殊情况需逐级报批总经理，其他管理规定可以根据公司和行业特殊性再做补充。

第二，返聘离职员工，还需按照公司招聘制度流程走，并重新计算工龄和相关福利。离职人员离职前所在部门负责人，需要对其进行入职前面试并评价其二次应聘，给出具体意见。

第三，当开辟返聘通道时，还要注意这样几点：确保返聘员工的历史档案足够完整；重新评估返聘员工的能力与经验，保证该员工与现有岗位的匹配性；对于特别优秀的员工，比如一些离职学习或出国的员工，可以重点考虑。

一家手机制造商为了吸引核心员工回流，制定了一套完善的“回聘”制度。它规定，假如离职员工在6个月之内被重新聘用，公司将累计计算其以前的服务年限，为其免去试用期；对于超过6个月被重新聘用的离职员工，公司将根据以前的服务年限提供奖励，但会按照新员工的标准对其执行试用期；对于那些核心员工，公司将在他们辞职两年时间内为他们保留职位，欢迎他们随时回来工作。

离职员工返聘这一招聘渠道尤其适用于大型名企，因大型名企的行业地位较高，员工发展前景较好，所以它们能吸引很多离职员工返回公司。对中小型公司而言，这种招聘手段也能帮助公司节约大量的招聘成本和培训成本。对招聘工作者来说，要能详细分析返聘员工当初离职的原因和现在回来的原因，对症下药，增加返聘成功的概率。

3.9 校园招聘，吸纳未来人才

在社会招聘越来越激烈的今天，更多企业把目标瞄准了各大高校，目的只有一个，从零开始培养企业的核心人才，建设属于自己的人才梯队。这么做的理由也很简单，自己培养的核心人才更加纯粹，与公司企业文化、价值观高度融合，省去了寻找高端人才的麻烦，同时节省了人才引入的成本。

我之前所在的公司，每年都会从全国各院校吸纳上百位优秀应届毕业生。经过企业的培养，他们逐渐成长为各业务领域的中坚力量，有些已经成长为中基层管理干部。对一家确定要开展校园招聘的企业来说，校园招聘的积极意义至少包括以下四个方面，见图 3-19。

图 3-19 校园招聘的四个积极意义

1. 宣传雇主品牌

校园招聘，无论是现场宣讲，还是设摊招聘，或者在综合性招聘网站上发布招聘启事，对企业来说，首先就是一种无形的雇主品牌宣传。

招聘是求职者了解意向公司的第一窗口，通过校园招聘的广告宣传，能让企业在学生圈中赢得一份良好的口碑。

2. 输送新鲜血液

员工的合理流动是正常、健康的。招聘应届毕业生，那些满腔热血、青春年华的学生们，将为企业带来一股蓬勃朝气。员工的年轻化、高学历化也将是未来组织发展的一大趋势。

工作较长时间的老员工，往往容易受到思维和习惯的影响而缺少生机活力，此时适当引进一定数量的大学生，对活跃组织氛围、增强创新力有一定好处。

3. 促进梯队建设

如今许多企业会面临员工年龄偏大、后备人才青黄不接的问题，通过校园招聘高学历、高素质的优秀人才，并经过公司培训、选拔考试，可以做好人才库储备建设，促进组织人才梯队建设。

4. 加强危机意识

通过校园招聘引进的新员工，学历较高、接受能力强、适应能力强，这对组织内部的老员工无形中形成了威胁，管理者通过合理引导，及时沟通，可以加强老员工的危机意识，形成良性的内部竞争局面。

工欲善其事，必先利其器。管理者若想做好校园招聘，首先应该做好校园招聘的前期规划工作，我们可将其分为以下几个步骤（图 3–20），关键是前三个步骤。

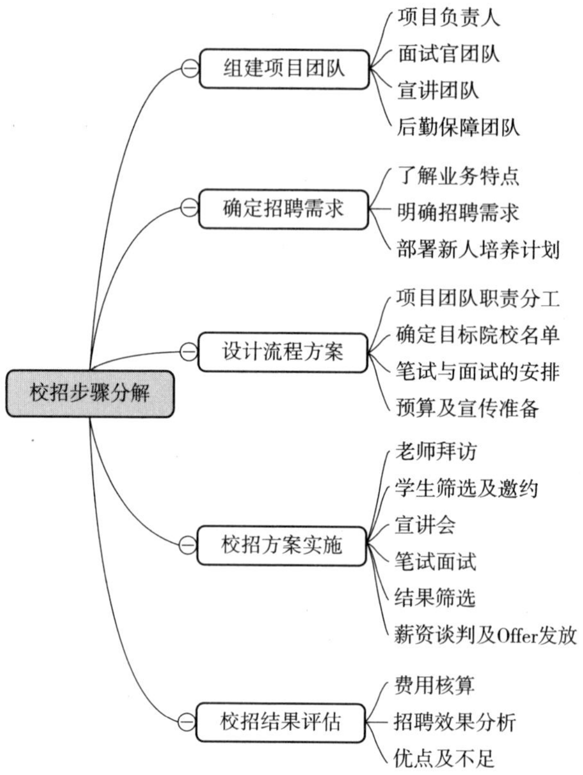

图 3–20　校园招聘完整流程

1. 组建项目团队

许多大型企业都习惯将校园招聘作为一个单独的项目进行管理及运作，因此在校园招聘实施前，组建一支高效的项目团队格外重要。项目成员需要拥有娴熟的沟通技巧、灵活的组织应变能力、专业的选人识人能力，以及适应高强度作战的抗压能力。

团队中的关键角色分别如下：

（1）项目负责人

负责人的职责主要是对校园招聘整体项目的把控、各阶段性任务交付的确认、内外部资源的协调等。

（2）面试官团队

在整个项目中，面试官团队至关重要，分为人力资源面试官及业务面试官。为提升团队的专业胜任能力，管理者应编制一份《面试官指南》或在校园招聘启动前统一培训，明确选拔人才的各项胜任力标准等。

（3）宣讲团队

通常大型的校园招聘项目都需要安排宣讲会，宣讲人应善于演讲，并了解学生所关心的话题，如此才能开展一场有声有色的宣讲，通过宣讲吸引到对公司有意向的年轻学生。团队成员一般由公司高管、人力资源管理者及员工代表等组成。

（4）后勤保障团队

保障团队也很重要，管理者在进校前就应安排好特定人员，事先与学校就业办或对口学院的老师沟通联系，及时掌握相关信息，如场地预定、生源分布状况等。比方说很多学校分成了几个校区，企业的目标院校与学生究竟分布在哪个校区，就需要提前弄清楚。选错校区的后果，就是前来听宣讲的学生寥寥无几，能够选到合适学生的概率也就微乎其微了。

2. 确定招聘需求

在开展招聘工作前，管理者还需调研公司各部门的用人需求，并开展精准分析，提交公司相关领导审批通过。在此环节，我们需要注意三个事项：

一是与用人部门负责人充分沟通，了解该部门的业务与人员状况（如历年的人均销售额、人均利润率、人员流失率等），盘点关键岗位的储备情况，预测未来岗位的增编情况。

二是明确校园招聘需求岗位的职责、任职资格，同时编制应届毕业生需求计划表，内含招聘人数、薪酬福利水平等。而关于校园招聘所需求的最终人数，还应结合企业未来销售增长预测、校园与社会招聘比例、潜在的毁约率等因素来确定。

三是应将招聘需求与企业整体的人才培养计划结合起来考虑，例如培养方式是什么样的、表现优秀的新员工是否应纳入干部后备梯队中等。

3. 设计流程方案

一份较为完整的校园招聘流程，除了项目团队的具体职责分工，还应包括以下内容：

1）确定目标院校名单。待确定好院校后，下一步是合理规划校园招聘的行程路线。

2）笔试与面试的安排。例如笔试题采用何种形式、面试分为几轮及采用何种形式、录用通知书何时发放等。

3）预算及宣传准备。校园招聘的方案中还需附上费用预算，并列出宣传准备事项，通常线上的宣传包括公众号、微网页、微视频、官网主视觉等；线下的宣传则包括 PPT、宣传折页、海报、展架、横幅等。

完成了前期规划，接下来便是校园招聘的实施，在整个实施过程中，宣讲会可视为最关键的一环。作为面向应届毕业生的专场活动，宣讲会主要介绍的内容应包括企业的历史、现状、战略规划、文化、组织架构、业务产品、招聘岗位、用人标准等。一场定位清晰、宣传到位、流程规范的宣讲会已成功了一大半，但想做到高水平，还不能少了一个关键因素：细节处理。整体来说，管理者需要关注三个细节，见图 3–21。

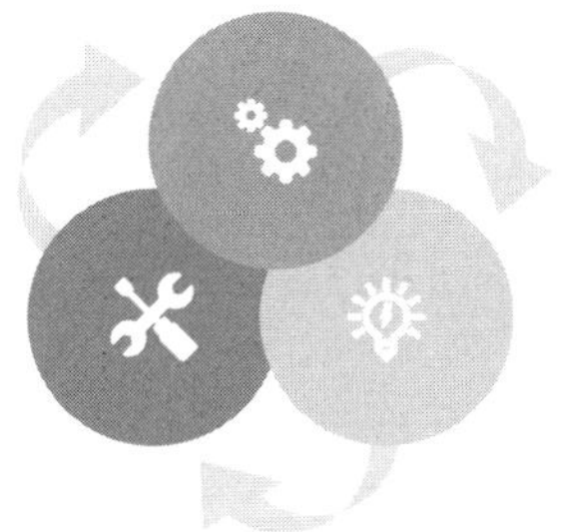

图 3–21　校园招聘的三个细节

（1）视觉细节

视觉细节最容易看出一家企业底蕴的深浅。首先，宣传海报上应有清晰的当期主题设计，公司 Logo 醒目，公司专用色突出，例如三星公司的蓝色，腾讯公司的企鹅 Logo 等；其次，宣讲会筹委会成员需统一着装，可以是凸显专业形象气质的商务穿着，也可以是带有企业专属特色的穿搭，并佩戴员工工作牌；最后，宣讲会现场的宣传品一应俱全，通过全方位、立体式的展示表达企业形象及对此次校园宣讲会的重视度。

（2）听觉细节

从听觉细节，我们可以看出宣讲人员是否提前准备，表达其诚意招收之举。首先，宣讲之前，招聘人员应熟悉宣讲资料、课件，确保讲解通透与流利；其次，需要有提前预案，预计学生们在现场可能会提出哪些问题，该由谁来应答，应答内容应该锁定哪些标准话术等；最后，现场声控设备应预先调试到位，并做好紧急意外情况的应对预案。

（3）服务细节

从服务细节，我们可以看出宣讲企业的文化底蕴与管理秩序。首先，应确保现场工作人员具有饱满的精神，毕竟他们是企业员工状态的一面镜子；其次，宣讲现场要有指引人员、话筒传递人员的安排，以应对学生们的专业问题；最后，招聘方可以安排分发一些印有公司 Logo 的精致小礼品，如此既能体现出公司诚意，学生们带回宿舍或班级，也能帮助企业起到宣传的作用。

随着 95 后乃至 00 后逐渐进入职场，企业管理者需要面对这样一群年轻人：他们有个性独立的思考方式，思维跳跃、崇尚创新，愿意接纳新思想、推崇快乐工作，讨厌按部就班、墨守成规，痛恨职场官僚、论资排辈，拒绝思想控制、个人崇拜……在开展校园招聘中，企业雇主还应重视大学生的应聘体验感，具体可从三个方面着手，见图 3–22。

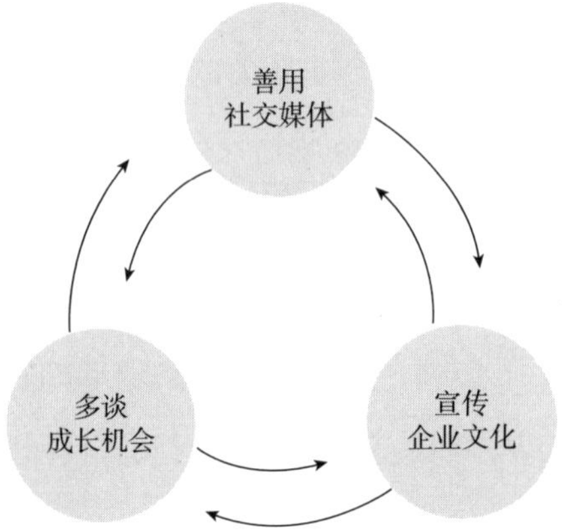

图 3–22　强化应聘体验感的三个要点

（1）善用社交媒体

当代的年轻人更习惯于通过手机 APP 或自媒体平台来做出求职决定，这便要求招聘人员与时俱进，开展校园招聘前应熟练掌握社交媒体的使用技巧。例如，已有部分互联网企业开始尝试用直播的方式进行招聘。

（2）多谈成长机会

应届毕业生在求职时可能会拒绝企业高强度的加班，但他们不会拒绝成长与学习的机会。原因是作为互联网时代的“原住民”，他们意识到保持知识新鲜度的重要性，假如雇主方在招聘时多展示企业可给予的培训、学习机会，往往更容易引起他们的兴趣。

（3）宣传企业文化

新生代的求职者追求职场体验感，其本质是在体验企业文化。以腾讯公司为例，他们曾发布过一段校园招聘视频，镜头里没有高大上的办公室，而是遍布人性化管理影子的工作环境；没有领导正襟危坐面对镜头做远景规划，而是通过采集普通员工的办公日常来表现团队的年轻与活力。通过企业文化的宣传，应届毕业生会认为这样的工作机会更有吸引力。

综上所述，校园招聘是企业人才招聘的一种重要手段，也是培养未来骨干力量的主要形式。校园招聘工作的质量，直接决定着企业人才梯队建设的水平，是实现公司长远发展的关键因素。

第 4 章

筛选技巧：小处着眼，大处着手

4.1　八大要素，快速初筛简历

作为企业的招聘官，每天都会收到大量简历，显然没办法一份一份仔细查看，尤其对于大型公司的招聘官来说更是如此。招聘官时间有限，如何确保不在简历筛选上花太多的时间，粗略扫一眼就可以大致判断出哪些简历可以进入下一轮的筛选尤为重要。

对于网上的模板简历，由于格式、顺序、内容统一，谁好谁坏可以快速对比分辨；可是线下收到的简历，比如校园招聘，每份简历的样式都有所不同，如果不能把握住几个筛选关键点，很难在短时间内做出判断。

一份好的简历，就是从内容及结构初步展现出求职者的经验、能力、综合素质等，以及与岗位任职要求的匹配度。好简历不仅是求职者的职业名片，背后还渗透着其个人的思维特点和工作方式。不少招聘官在筛选简历时，就缺乏一套清晰的评价标准，导致选出来的简历不符合企业实际用人要求，而那些符合要求的简历却被无情地忽略掉了。

尽管每家公司的招聘官都会有不同的简历评价标准，但总体上不外乎以下八个方面的要素。把握住这八大点，就能初步判断出一份简历是否符合企业的用人要求，是否需要再做更细致的分析，见图 4–1。

图 4–1　简历初步筛选的八大要素

1. 简历与招聘职位是否匹配

这主要从求职者从事的行业、担任过的职位、取得过的业绩、教育及培训背景等方面得以体现。例如，某企业要招聘一位销售工程师，所在行业是大型工程设备的销售，客户主要为建筑商、工程商等。因此求职者简历中，即使不具有同类产品的销售经验，至少也需要有项目型销售，或与大型集团客户打交道的经历。在企业对人才的选拔上，管理者十分注重“人岗匹配”的要求，一份好的简历往往都具有较高的岗位匹配度。

2. 简历格式是否工整规范

招聘官拿到一份简历，若发现有三种及以上不同的字体，视觉感受一定不好，当然应聘美术设计岗位的除外。所谓细节决定成败，一份好的简历，在字体、字号、行间距等格式上应满足清晰、易读、一致的风格。招聘官需要意识到，简历不仅能够反映出求职者的知识、技能、经验等显性素质，还能够在一定程度上反映出求职者的隐性素质，如细致、求职动机、稳定性、对职业的规划等。比如一份简历的格式美观、字体舒适，能够反映出求职者的细心程度较高，责任心较强。

3. 逻辑是否清晰、重点是否突出

简历首先突出一个“简”字，即简单且重点突出，在一两页纸中，将个人的亮点展现出来。有的求职者简历洋洋洒洒，将过去每家企业的任职经历都写得十分详细，可实际上只是公司不同，岗位职责基本一致，那就完全可以汇总说明，没必要重复说明。这样安排既能够清楚表述自己的工作内容，也可以减少招聘官阅读简历的时间。相反，还有一些简历非常简单，只有任职时间和公司名称。这类求职者可能是文字表达能力较差，也可能是求职动机不强，无论属于哪种情况，都不在招聘官感兴趣的对象范围内。

4. 是否用数据和事实说话

过去在校园招聘时，我时常发现一些毕业生喜欢用“在校成绩优秀”“学习能力强”来形容自己，相信从事招聘的工作者，也经常会看到类似的描述。但仅仅这么写并不能令招聘官信服，一份好的简历能够将这类抽象的信息具体化，用数字或者事实依据来体现，如此才更具说服力。例如，把“学习成绩优秀”替换成获得了多少次奖学金、成绩排名前几等，如此招聘官就能比较直观地看到，求职者所谓的优秀具体体现在哪些方面。这样的简历更容易通过筛选。

5. 是否有助于了解曾受雇企业的业务性质

我注意到在一些优秀的简历中，求职者会对曾经服务过的公司做简短的介绍，这类简历无疑是最受招聘官欢迎的。因为招聘官有时很难从公司名称中了解其业务类型，自然就很难判断出求职者的从业经历是否与所要招聘的职位相匹配。可以说，这类简历不仅能反映出求职者较强的求职动机，也能够体现其具备良好的客户服务意识，是招聘官应重点关注的对象。

6. 求职者是否频繁跳槽

求职者过往每家公司工作时间的长短是一个很重要的关注点，一方面它能够反映出求职者的稳定性，另一方面也能部分反映出求职者的适应性。假如一位求职者每段工作经历的时间都不长，那么其稳定性便值得怀疑。即使我们可以理解，频繁跳槽会有许多客观因素，但至少也能说明，求职者适应性不强，或者对自己的职业规划不清晰、不明确。通常来说，一份普遍受招聘官欢迎的好简历，基本不会出现上述频繁跳槽的情况。

7. 职业是否保持一致性

除每份工作的任职时间长短之外，求职者过往职业的一致性，同样能够反映出他们对自身职业规划的清晰程度。比如，某位工作十年的求职者，虽然经验丰富，但他在过去几份工作中分别担任不同的职位，且跨度较大，如销售、财务、文秘等。这至少表明两个问题：一是个人职业定位不清晰；二是哪份工作都做不好，所以在换公司的同时还更换职业类型。所以，在职业经历层面，招聘官往往更青睐那些具有一致性的求职者。

8. 求职者是否注重学习成长

简历上的教育培训情况很少有人关注，但它不仅可以反映求职者的学习欲望，更重要的是能反映出求职者对自身职业规划的清晰度。

几年前，我曾担任某银行的校园招聘面试官，当时收到过一位应届女硕士的求职简历，那份简历令我印象深刻，我发现其在学习方面具有三个优点：其一，求职者明确标注了就读本科和硕士的院校类型，分别是 211 和 985 高校，能考上这类知名学校，反映出其出色的学习能力；

其二，求职者在简历上列举了从大学阶段开始的几段培训经历，均聚焦于自身专业领域或求职方向，说明其参加培训是带有目的性的；其三，求职者在校期间还拿到了英语、计算机、驾照等职场通用能力方面的相关证书，这表明其注重个人综合素质的培养。

简历的初步筛选，往往从这八个方面入手。如果简历数量较多，那么对于其中的核心几项缺乏得严重的都是首先筛除的对象。当然，针对不同岗位级别、不同岗位类型，需要关注的重点也不同。例如，对应届毕业生的简历，招聘官应更关注其在校成绩、社团实践及个人综合素质；而对工作多年的社会求职者，则更应关注简历中的工作成果与行业经验描述。这些我们在接下来的几小节会继续阐述。

上面提到的，主要是初步筛选简历的“经验之谈”，但在这之前，招聘工作者首先应有一批简历供自己筛选。在各大招聘网站上，面对成千上万的简历，怎样快速筛选出目标范围内的简历，则是简历筛选要做的第一步工作。这一工作主要有三个步骤，见图 4–2。

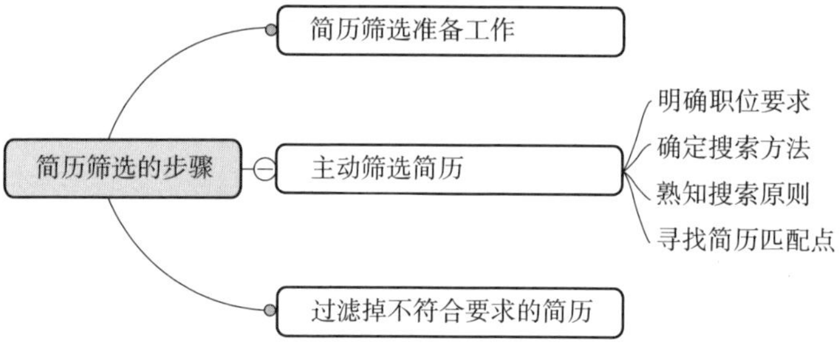

图 4–2　简历筛选的步骤

1. 简历筛选准备工作

搜索简历的过程，就是人、岗、企业文化互相匹配的过程。招聘官要吃透对应的任职资格要求，特别是要深入理解招聘职位的关键需求和外延需求。岗位关键需求条件缺一不可，必须全部具备，否则这种简历不应推荐。岗位外延需求具备最好，如不具备也无妨。对于岗位描述，越精确越好。精确不是长篇大论，而是抓住关键、切中要害。如此招聘才具有针对性和目的性，从而有效避免无效的招聘工作。招聘官只有掌握岗位关键需求，精确锁定岗位匹配的关键要素，才能知道搜索简历的核心关键要素和外延需求，这样搜索出的简历才有针对性以及更高匹配度。

2. 主动筛选简历

常见的一种现象是，投递的简历多，符合条件的却不多。在网上发布简历“骑驴找马”的人比较多，鱼目混珠的人更多，于是“海投”简历成了一种再平常不过的事。想要找到符合要求的求职者，招聘方需要主动筛选简历，对合适的求职者再进行面试邀约。此时要把握四个要点。

（1）明确职位要求

企业想要什么样的职员。如果某个职位有多方面的要求，招聘人员必须按照重要性排序，排列出哪些要素是必要的、哪些要素是可选的、哪些要素是加分项，按照不同“关键词”的优先级进行搜索。

（2）确定搜索方法

快速定位目标群体的方法，是以“同行业企业名称 + 职位名称”为关键词进行搜索，或者直接以多个职位关键词进行搜索，最后才是搜索岗位名称。

（3）熟知搜索原则

从小范围开始，逐步放宽搜索条件，扩大搜索范围。

（4）寻找简历匹配点

1）简历名称与职位需求相匹配；

2）重点查看与招聘职位的契合度，而不限于参与程度；

3）具备相关技能，获得过相关奖项，参加过相关培训。

3. 过滤掉不符合要求的简历

在过滤不符合要求的简历时，要从以下五个方面去做：

1）求职意向与招聘职位不符；

2）有明显错误，如错别字、格式排版混乱、语言表达逻辑不清等；

3）换工作频繁，平均一份工作不超过一年，稳定性欠佳；

4）工作经历不连续，有很大的时间空当；

5）简历内容过于简单或过于冗杂。

最后回答很多招聘工作者会有的一个疑问：筛选优质简历的责任在人力资源部还是用人部门？大家之所以有疑问，是因为招聘工作者并不一定很懂业务，也就没办法深入探究一份简历究竟是不是符合业务部门要求。回答这个问题其实只需要明确三点：

第一，招聘工作者更多的还是考察求职者的基本要求和综合素质是否达标，至于技术的判断，理应交给业务部门去处理。

第二，招聘工作者也应该去熟悉业务，对基本的业务知识体系有一个了解，不熟悉业务没办法做到高效筛选简历。这是普通招聘官和资深招聘官的区别之一。

第三，除个别高端岗位外，招聘工作者在了解业务的前提下，足以判断出一份简历是否符合要求，这是长期训练下的结果。因此，筛选简历并不简单，它也不是模板化的工作，要想做好，招聘工作者不仅要有专业知识，还要掌握公司业务知识，在大量练习下，达到炉火纯青的地步。

4.2　精读简历要点，高效利用每 1 秒钟

前面我们已经说到，在简历量大的情况下，可以从八个方面快速挑选出初步符合要求的简历，但挑选出来的简历究竟是否符合，还需要做进一步的判断。此时每一份简历，就都需要细致地查看了。

圈内有个传言，资深的招聘官只花 10 秒钟就能筛选出优质简历，这其实是不可能的事情，即便是经过长时间的锻炼也做不到。因为简历大同小异，恰恰是这些“异”，让每一份简历都不同，若看简历只用 10 秒钟，就很可能因为错过细节，而错失一个好的人才；可如果所花的时间太长，每天就看不了多少简历。因此，才需要招聘官初步筛选后，将更多的时间放在初选后的简历上。

在精筛前，面试官需要有意识地防范一些容易忽略的点。总括起来有五个方面，见图 4-3。

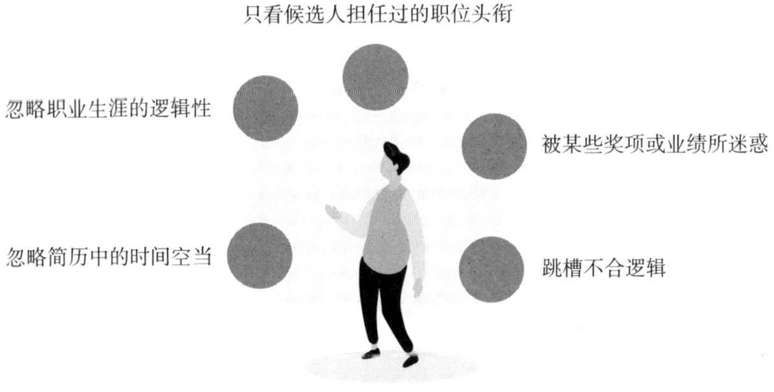

图 4-3　简历筛选中容易忽略的五个方面

1. 忽略简历中的时间空当

有些候选人在简历中显示的工作经历有时间空当，这些不应该被忽略，因为它很可能是招聘官应该关注而尚未关注到的信息。比如对方是创业了，还是家里有事暂时脱离了职场，还是和上家公司有劳动纠纷，没办法及时换新工作？这些隐藏的信息，都需要面试官仔细挖掘出来。

2. 忽略职业生涯的逻辑性

有些求职者的职业经历是不连续的，他们往往从事过多种职业，根据岗位要求不同，这些过往经历就能起到足够的筛选功能。例如，某候选人从事过行政文员、会计助理、房产中介销售等不同的工作，如果企业招聘的是一名内勤人员，这种经历就不会造成什么影响，但如果招聘的是一名会计助理，即便他做过类似工作，也尽量不要选择。因为内勤并不需要具备太强专业知识技能，经历过即可。可会计技能要求较高，没有一直从事，仅仅是做过，还不足以判断其能力大小。尤其是后面又跳槽到了房产中介销售，更能说明其会计能力并不突出。

3. 只看候选人担任过的职位头衔

看到“总监”“经理”“主管”就以为对方有带团队和管理下属的丰富经验，这一点误区某些做招聘的新人比较容易犯。公司大小不同，组织结构不同，必然在头衔的设置上有所不同。这就导致同样的岗位头衔，工作内容会千差万别。一个小公司的总监，很可能还不如一个大公司的主管有能力。要记住，招聘合适的候选人，选的是能力，而不是头衔。

4. 被某些奖项或业绩所迷惑

有的简历写“区域销售额冠军”“业绩翻番”，招聘官一般看到此等描述，会心生好感，并且容易轻信。在上一节已经提到过该问题，但凡定性的描述，都不足以证明求职者的优秀，必须拿出参照数据，也就是优秀需要被量化。比如“区域销售额冠军”，虽然他是销售冠军，但和其他大区比，他们所在的区域销售额经常垫底，那么他这个销售冠军就不具有含金量。除非他个人的销售额遥遥领先该地区其他人，达到和其他高额销售区域销售业绩持平的水平。一旦如此，甚至可以证明他比其他大区的人还要优秀，因为他所处的环境更加恶劣。

5. 跳槽不合逻辑

有些候选人从知名外资企业跳槽到很小的私营企业，职位名称和工作内容虽相近，但是工资反而更少。如果细问对方跳槽原因，支支吾吾说不清楚，很可能背后隐藏了一些不愿意透露的秘密。比如被前任雇主开除，或者与同事关系不和谐而无法共事，被迫离开等，这些都需要一探究竟。

很多招聘官会认为简历筛选是一件很简单的事情。事实上，简历筛选是一门科学，更是一门艺术，绝非想象中那么简单。从上面五个容易忽略的方面就可以看出，不需要开口问求职者，仅通过简历文字描述，招聘官就能够推测出很多的信息。这需要招聘官平时多留心，多注意这些特殊的简历，如此才能积累起属于自己的内在经验。

把握住了五个注意点后，我们再来谈简历与职位匹配度的问题。总体来说，有三个方面的匹配，分别是简历整体信息的匹配、简历关键信息的匹配，以及简历工作内容的匹配，见图 4-4。

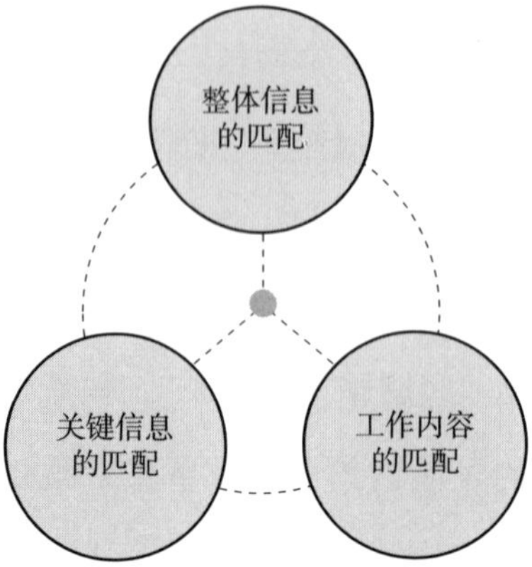

图 4-4 简历筛选中的三重匹配

1. 整体信息的匹配

对于招聘官来说，一份信息完整的简历通常应包含表 4-1 中的内容。

表 4-1 完整简历包含的内容

序号	项目	明细
1	个人基本信息	名字、性别、出生年月、民族、籍贯、最高学历、婚姻状况、政治面貌、证件照等
2	个人联系方式	手机电话、邮箱、居住地址等
3	教育及培训经历	高中至最高学历期间的教育经历、主修和辅修专业、各类资历证书及等级证书、社团或实习经历等
4	相关职业经历	在职时间、公司名称、岗位名称、岗位职责、工作成果、离任原因、薪资待遇、证明人信息等
5	个人荣誉	荣誉证书、学术或技能成果等
6	特长及个人爱好	与求职岗位相关的技能与专长、个人业余爱好等
7	求职意向	期望的行业、岗位、薪资及工作地点等
8	其他相关阐明	备注栏信息、求职信、附件作品等

对于这些信息的匹配，整体完整即可，毕竟不是每个岗位都一定会涉及这八个方面的内容。

2. 关键信息的匹配

关键信息主要包括硬件、软件的条件匹配，在此基础上，根据实际情况，可能需要其他条件的匹配加以辅佐。

硬性条件是指，岗位的任职资格中最为关键的要素，如学历、专业及岗位相关工作经历等。在筛选简历前，招聘官就应明确每一个条件的标准是怎样的，达到了这些条件，才会进行下一步的判断，没有达到则直接淘汰。

软性条件是指，应聘者最好具备的条件。这些条件或者无法通过数据描述简单地体现出来，或者是“冰山模型”下的某些个性特质，这些特质能够对工作能力的高度发挥带来决定性的影响。类似的软性指标，当然是多多益善，有些会在招聘要求里体现出来，而有些却是招聘官在简历筛选、面试的过程中逐步发现的。

至于其他条件，则是指一些会让公司感到为难或惋惜的条件。比如求职者待遇要求非常高，根本不是企业能够支付的，这样的简历就可以直接过滤掉。很多企业总在抱着侥幸心理，认为约来面谈说不定能将对方“拿下”。这种想法很不成熟，没成功就是单纯的成本浪费，而成功了很大可能是求职者要价虚高，换言之，求职者的能力并没有那么高，企业不过是支付了高额的工资成本，却换来了一个能力一般的员工。再比如，求职者居住地址离公司较远，交通极不方便，企业要是不提供住宿，对方也不愿意搬到企业附近居住，那这种简历邀约率都不会高，更何况面试成功。

3. 工作内容的匹配

工作内容的匹配，并不单单看岗位名称这么简单，而是主要体现在两个方面，见图 4–5。

图 4-5　工作内容匹配的两点

（1）工作内容是否具有连贯性

最好不要存在工作前后不一致的情况。比如一直从事的都是会计类工作，可中间有一段时间，做了内勤工作。这可以从侧面说明，求职者自己在会计工作上存在着自我怀疑，也就是不知道自己是不是真的愿意做会计工作，为了探究这一问题的答案，自己选择跳出去看看。等出去后，觉得自己适应不了新工作，更愿意做回原工作，于是再度回到了会计工作的行列。如果这种变化是在近期发生的，则不建议将其作为候选人，但已经发生很久，后面工作都非常稳定，此时方可考虑。

（2）工作内容侧重是否一致

岗位名称可能一样，但工作内容却不尽相同。企业究竟是要招从事哪方面工作的人员，要做好进一步的判断。比如，同样是人力资源专员，企业需要的是偏向培训的人员，那么同样两份人力资源专员的简历，一份主要从事的是招聘工作，另一份主要是从事培训工作，同时兼顾了其他模块工作，显然后者要更合适一些。至于只从事培训工作，其他模块并不涉及的简历是不是更加符合要求，应根据企业实际情况来定，这涉及工作内部的交叉程度问题。

这三方面简历匹配的工作，看似简单，但每一条深入推敲都需要下一番功夫，没有一定的经验，很难把控住。这一点还需要招聘工作者平时多留心，多积累经验。需要注意的是，企业招聘工作者存在为了完成招聘指标，而故意放宽要求，或者将明显不合适人员纳入考虑范围的情况。比如前面说到的，求职者薪资偏高，但从简历工作内容看符合公司要求，就存在故意约来公司给业务部门面试的情况。实际上这种名额根本不能纳入招聘数据的统计当中去。除非企业存在外部人才池的建设，约来面试就是为了掌握这些人才的最新动态。

4.3　分析简历真伪，面试从此时开始

在简历精细筛选时，招聘工作者会对简历各项信息进行有理有据的推断，但这些早已不是什么行业秘密，求职者也早已知道，于是他们会按照企业招聘官的简历筛选习惯，对简历进行优化。这就引申出了一个问题，筛选失去了原有的效力，作用被大大降低了。

简历筛选效果的弱化，体现在两个方面：

第一，看不出求职者究竟是不是真的优秀，于是面试的作用进一步加强，通过有效面试才能做出较为准确的判断。

第二，简历容易出现作假的情况。因为对简历的优化过于用力，往往会导致简历与实际情况不符，更有甚者，明知道自己写得非常夸张，但依然按照自己的想法在写简历，这就完全属于简历作假的范畴了。一旦企业把此类求职者招聘进公司，不仅费时费力不讨好，也浪费了企业大量的招聘成本，这是企业需要极力避免的一点。

但凡在职场打拼的人，都经历过写简历、投简历、找工作的环节。对于“简历造假”这件事，不同人心中有不同的看法。

有的认为只要是写在简历上的，就必须完全真实，不能带有任何虚假和修饰，否则就是欺骗，不诚信；有的认为只要学历、证件、工作经历真实就行，其他诸如工作能力的描写，做一些夸大和修饰也无妨；有的却认为简历造假没关系，简历只是找工作的手段，虽然简历存在虚假

的成分，但这是为了找工作需要付出的一种代价。在他们心中，企业仅凭简历的好坏就判断一个人是不正确的做法，于是为了能获得机会，作假也无妨，只要进入公司用实力证明自己，企业能盈利自己能赚钱，就是一举两得的事情。

对于第三类求职者，企业应本着碰见一个拒绝一个的态度。求职者的价值观念有问题，能力再强也无济于事，这在第 1 章中有过详细的论述。

有一家背景调查公司的调查数据显示，房地产行业求职诚信度最低，平均每 100 人中，有近 67 人在求职过程中有造假行为；其次为消费品行业，简历造假比例为 45%。金融行业造假比例相对较低，这与金融行业从业门槛较高、准入机制较严格有关。造假概率最高的是两类职位，高管类为 39%，工程师类为 36%。主管职级、普通员工、经理级别人员造假比例相对较低，但是最基层人员的造假比例又比他们要高。

从造假简历职级上来看，存在两边大中间小的沙漏型现象。这种现象发生的原因主要在于以下两点：

第一，初级员工在求职履历中造假，是因为他们存在一些投机的心理，并没有建立职场诚信的意识，只为了体现工作上的稳定性，把自己的职级做一定的夸大。处于主管、经理级别的员工，诚信意识和职场素质感会更强一些。

第二，到了总监等高管人员层级，如果简历造假，个人收益会更大。拿互联网行业来说，VP（副总）级别、合伙人级别的候选人造假的比例相对较高。他们善于包装自己的背景，可以拿到更高的薪水，或者股份和期权。

可能会有人认为，如此高级别人员，作假很容易被发现，不利于今后发展，但实际可能恰恰相反，这里面涉及的因素比较多，已经跨越了传统招聘的范畴，更多与人际交往、人脉挂钩，这里就不再多言。只是说，作为招聘工作者，心中要有自己道德层面的一杆秤，需要有一套标准来正确看待和解决简历真伪的问题。

有些求职者之所以选择造假，主要是抱着“应该不会被发现”的侥幸心理。招聘工作者就要破除他们的侥幸心理，让他们“现出原形”。对此，至少有五种常见方法可以在一定程度上对求职者简历信息的真伪进行判断，见图 4-6。

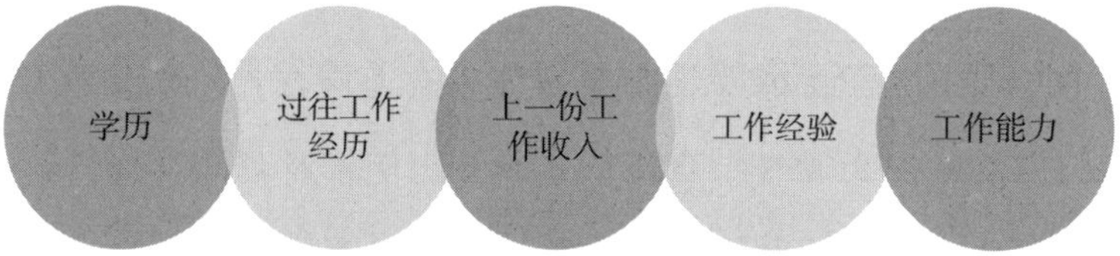

图 4-6 判断简历真伪的五个维度

1. 学历

学历作假是最好判断的一种行为。通过中国高等教育学生信息网（学信网），可以查询到候选人的学历学位信息，如果是民办学校，在民信网上也可以查到。只要求职者信息相差很多，必属于学历造假。

2. 过往工作经历

企业可以自行开展背景调查，或委托专业的背调公司查询候选人过往的工作经历，包括工作时间、职位名称等信息。如果员工级别并不高，不需要用到背景调查，也可以通过社保记录查询任职企业和任职年限。对于不方便查询或查询不到的部分，可以要求求职者协助提供。

3. 上一份工作收入

求职者为了能尽量争取到高工资，往往会夸大他在原公司的薪酬水平，那么企业可以要求求职者提供上一家单位工资卡流水明细（银行打印盖章）加以证明。这对招聘企业来说有两个好处：其一可以判断求职者是否在撒谎；其二可以在这个薪酬的基础上，与求职者沟通新的薪酬范围。

4. 工作经验

工作经验是在面试中可以判断的。面试中对求职者的工作经验判断，常用的是行为面试法。它要求求职者描述其过去的某个工作，通过还原具体情况，来了解求职者各方面的素质特征。它的基本假设就是，一个人过去的行为可以预测这个人将来的行为。所以如果求职者有夸大或虚假的成分，在面试时就容易露出破绽。

例如，求职者在简历中写到曾负责某项目，招聘官就可以做此类型提问：你在简历中提到某某项目，请描述当时这个项目是怎么做的？你在其中都做了什么？这个项目最终的结果怎样？如果重新来过，你会怎么改善？这一连串的提问下来，如果求职者没有实际参与或者参与很少，只能停留在泛泛之谈的层面上，很难回答好。

另外，招聘工作者还可通过反复询问，来验证求职者之前回答的真实性。比如面试的前半段曾提起过一个细节问题，在面试快结束时再突然地抛出，通过求职者反应来做进一步判断。

5. 工作能力

对产品研发的岗位，针对某项技能，招聘官和用人部门可设置笔试或上机操作环节以检验求职者的能力水平。对管理岗位，可设置情景模拟，让求职者现场处理问题做出决策，用以考察其判断力、问题解决能力等。这些可以从侧面看出，求职者究竟之前是否有经历或处理过类似的工作。当然，针对能力的面试和测评，目前已经有大量的工具可以帮助招聘工作者进行评价和筛选，能充分验证求职者简历上对工作能力的描述，帮助企业挤掉求职者简历的“水分”。

通过以上五个方面的考察，如果属于简历作假，自然直接拒绝不予理睬，但对简历进行“修饰”，该怎么办呢？这往往要联系企业的实际来决定。毕竟简历修饰在现在看来，是一件再平常不过的事情，作为“敲门砖”的简历，修饰后可以更好地被展示，得到企业招聘工作者的青睐。对招聘工作者来说，“修饰”主要存在两类，见图 4-7。

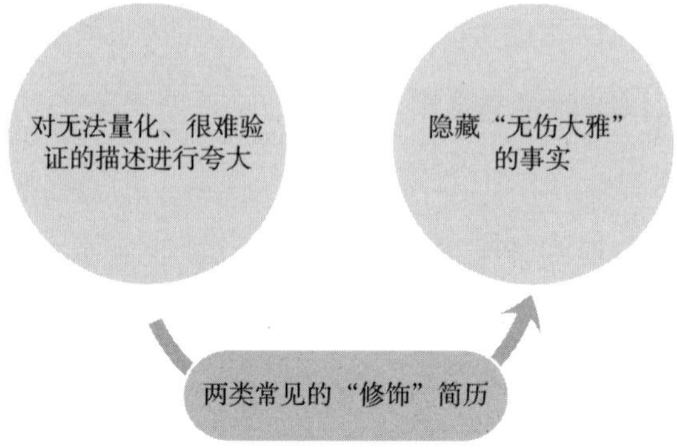

图 4-7　两类常见的“修饰”简历

第一类是对无法量化、很难验证的描述进行夸大。比如“会使用”写成“精通”，“了解”写成“熟练”，部门领导一句随口表扬写成“获得部门的一致好评”，等等。此类夸大一般不需要太较真。如果是核心技能，自然是需要量化加以测验，但其他类型大可不必去理会。招聘工作者每天要筛选简历、面试、与部门沟通、与候选人沟通，工作量很大，在简历筛选环节，能不浪费太多精力就尽量不要浪费。

第二类是隐藏“无伤大雅”的事实。比如某求职者在一家公司工作 5 年后离职，跳槽去了另一家公司，但入职后感觉不合适，只工作不到一个月就离职了，这段很短的工作经历就没有在简历中体现。在面试中，如果这段经历被挖了出来，或者求职者主动坦白了，都不算是简历作假，只要面试能力符合要求，完全可以录用。

在这两类之外，出现了比较严重的问题，比如通过行为面试法发现简历中提到的项目经验、管理经验均不具备，则可以归为“作假”。所以是“修饰”还是“作假”，招聘官需要把握住，不要错进一个弄虚作假的人，也不要矫枉过正错过一个值得拥有的人。

还有一种特殊情况是，求职者确实修饰过度，达到了作假的程度，但因为企业急需招人，一时半会儿又没有找到更合适的人，很大可能该求职者就会被纳入考虑范围之内。出现这种情况，企业就需要做两个判断，是继续寻找直到出现合适的人，还是先补充岗位需求再看具体情况而定。如果选了后者，企业需要密切关注新人在试用期的工作情况，并且不建议停止该岗位的招聘。当出现其他合适的候选人，且新人的工作未达到要求时，则可快速做一个替换。

招聘工作者在面试求职者时，建议首先要求应聘者自己提供简历，最好还可以在简历下写上“简历一切属实”的承诺。另外在现场再填写一份应聘申请表，也注明提供的一切信息属实。这样可以尽量确保在查出求职者信息作假时，有理可依。

4.4 简历信息不清，多个心眼防错失人才

五年前，我曾在一家上市公司担任招聘经理。

在一次现场招聘会上，我面谈了一位从业多年的研发工程师。从与对方的沟通交流中，我发现其经验丰富、能力较强，还曾担任过多个大型项目的负责人，可以说是公司迫切需要的技术人才。

令我感到诧异的是，他提交的简历则显得有些模糊不清，既未体现过往项目完整经历，整体上也没有任何亮眼之处。假如这份简历通过网络形式投递，很可能就会被招聘人员直接过滤掉。

在我的建议下，求职者重新完善了简历。经多轮面试后，他成功入职了公司的研发部门，不到三年便成长为研发经理，带领团队为公司业务发展做出了较大的贡献。

对于企业招聘来说，招聘工作者时常会遇到类似求职者简历不清的状况，某些情况下，还是应懂得区别对待，采取合理的方法进行处理，而非直接淘汰，否则在激烈的市场竞争中很可能会错失优秀的人才。

在简历量大的情况下，按照简历筛选原则进行筛选，错失不可惜，可本就没有多少候选人，依然按照严格标准去做评判，就有点“自讨苦吃”了。

我们快速筛选简历，是为了有足够的精力看较为符合要求的简历，如果整体简历数量偏少，不存在精力分配不均的情况，就没必要非“程序化”不可。

对于信息不清晰的简历，主要区分为三大类，见图 4–8。

图 4–8　三类信息不清晰的简历

1.“三无”式简历

该类型简历的常见问题是，基本信息不全甚至严重缺失。例如期望职位、专业、学校、期望薪资、到岗时间等基础信息空白，招聘官打开后会产生一种看模板框架的错觉。甚至有个别求职者，还会在简历中留下错误的或是已停机的电话，让招聘官无法联系到他。

这样类似“三无”产品的简历，招聘官难以判别其是否匹配招聘岗位的要求。

2.“海投”式简历

这类简历往往会令招聘官感到哭笑不得，常见于找工作目的性不强的求职者。他们可能处于职业发展的迷茫期，不清楚自己究竟适合做什么工作，认为通过海投就能够遇到识得自己的伯乐。再或者本就是在碰运气，说不定海投的企业当中，就有看中了自己的，这对自己来说就是一次新的机会，如果没有，那也没关系。

举个例子，企业招聘方发布的岗位信息属于互联网技术方向的，却收到了心理学、新闻学相关从业背景求职者的花式简历，且在简历中也未有具体原因的说明。这样的简历就像是高考写作文审题不清，直接跑题，招聘官的评分自然也不会太高。有些简历也会打擦边球，比如求职者本身做的是硬件系统维护，和互联网有一定关系，但关联不大，招聘官无须多留意。

3.“偷懒”式简历

这类简历内容比较多，但并不完整。比如前面提到的例子，虽然简历看似每个方面都写了，但不深入、不完整，给人一种“浅尝辄止”的感觉。此类简历在求职者确有找工作打算的前提下，主要由两方面原因造成：

第一，不会写简历。虽然写简历的套路被众多求职者知晓，但依然存在不会写简历的，另外就算知道，也不一定真能写出来，“依葫芦画瓢”最终就是“四不像”。

第二，单纯不想写。求职者能力很强，认为简历不足以体现出自己的能力，更期待与面试官当面沟通。能有这种想法，要么是太过自傲，要么是不在乎，因为周围人已经知道他的能力，可以不凭借简历这一媒介寻求更好的工作。

一般说来，只有第三类简历，才是招聘工作者不应该随意放过的，对于第二类简历，确实符合公司要求也未尝不可约来一面，唯独第一类不需要关注。在此基础上，针对不同的求职者类型，招聘官应采取不同的处理方法，见图 4–9。

图 4–9　对三种不同类型求职者的态度

1. 态度有问题的求职者

编写简历态度敷衍的求职者，往往面试时的态度也不会认真，招聘官甚至可以预见此类型的员工入职后，在工作上也更不容易被管理。因为其看待简历的态度就已预示了看待工作的态度，他们往往只会应付而不愿意承担责任。

国外有招聘研究人员曾做过一个统计，那些简历信息明显不完整的求职者，入职以后达到企业绩效要求的比例远低于应聘时提供信息较为完整的求职者。

因为态度的背后就是职业的动机。对待这类求职者，招聘官可先测试其真实的求职动机，例如，通过电话联系要求对方补全简历缺失的信息，或在现场面试前，要求填写完整的求职信息表等。若在招聘官提出合理要求后，求职者依然态度消极、不予配合，也无任何特殊原因解释，那么便可直接将其排除在候选人范围外。

事实上此类求职者不在少数，很多简历写得并不完善，约来公司面试后，让其填写面试信息表，或者做笔试题目，其态度往往多为不耐烦，随便写两个字权当填写完毕，或者明确表示简历上已经写了，不想再填，再或者告诉面试官，自己还有其他事情，能否直接面试不填写表格，以免耽误时间。

但凡此类，态度都不会好。面试并不是简单地面聊沟通，从求职者踏入企业大门那一刻开始，就已经在进行了，还没正式入职，让其填写资料都不配合，入职后又会如何表现呢？

2. 能力超群的求职者

这类求职者往往有着过人的工作能力，认为一份简历无法准确地表述其真正的能力，更希望在面试时可以当面介绍自己。在我过去招聘的经验中，就曾遇到过多位这样的求职者，其中一位是在行业内工作十多年的资深业务经理，当时投递来的简历信息不够全面和清晰，尽管如此，简历上关键的几个要素依然引起了我们招聘官浓厚的兴趣。

在参加面试时，这位求职者的态度却出乎意料的认真，只要谈起工作方面的事情，他会口头表述得头头是道，有着豪气干云的底气。我们评估后认为，他能给企业带来意想不到的效益，是不可多得的人才，最终给予了录取。

所以遇到这样有“个性”但又能力超群的求职者，招聘官应做好两件事：一是开展有效沟通，让对方在思想上意识到，简历是所有应聘程序中十分重要的环节，并引导其完善个人简历中尚不够清晰的信息。二是注重在面试中与对方的沟通交流，因为这类求职者实际上也在考量招聘官的水平，进而从招聘官的水平来衡量这家意向企业是否值得加入。

3. 不会写简历的求职者

无论是应届毕业生还是有工作经验的求职者，写简历对一部分人来说确实是挺折磨人的事情。例如那些生产线上的蓝领工人，因为缺少文化知识，他们操作机器设备十分专业，但如果要编写简历则找不到任何方法和诀窍，信息不清是非常普遍的情况。

那么对于这样的求职者，招聘官就需要调整招聘的思路。

第一，企业招聘岗位需要的只是求职者过硬的技术，那么可通过现场演练的方式对其进行考核，而不该仅仅因为对方简历不够清晰就直接淘汰。

第二，招聘官可以提供简历的标准化模板，让求职者按此格式进行填写，必要时可以一对一单独辅导。值得一提的是，如今许多大型企业在人才招聘时，都开通了在线生成简历的功能。求职者可以直接在线完成简历的投递，既方便了企业统计，也方便了求职者，同时能给求职者留下良好的印象，也即我们上一章说到的招聘运营。

第三，企业可委托第三方专业机构开展与招聘相关的工作，包括推荐求职者人选、完善简历信息等。这种人力外包的方式，在许多制造型或服务型的企业得到越来越广泛的应用。

求职者简历信息的不清晰，会影响到企业整个招聘流程的顺利进展。因此，作为招聘官必须客观认识造成简历不清晰的原因，理性分析与判断，并采取有效的措施予以处理，既保证招聘的成效，也避免错失优秀的人才。

总而言之，简历筛选确实有一套标准化的流程，但结合企业自身情况，对于徘徊在标准化之外的简历，有时也需加以关注。招聘是一个“客观”与“主观”并存的工作，如何在这两者之间进行平滑切换，考验的是每一个招聘工作者的能力。

第5章

面试技巧：多维角度，全面考察

5.1 面试准备要做好，不打无准备的仗

面试官带着工作资料和临时拿上的求职者简历，急匆匆赶往面试间，见到了等候已久的面试者，说了一句“抱歉，有点忙”，然后就坐到了求职者的对面，翻开简历，说了第二句话“麻烦你简单介绍一下你自己”。

求职者收到了面试官的自我介绍指令，开始按照已经准备好的模板介绍起自己来。

上面的面试场景，不论是面试官本人，还是求职者，应该都有过真实的体验。通过各种渠道搜索来的潜在候选者，面试却是如此开场，大家不觉得有些草率了吗？可事实上，大多数企业对待面试的态度就是如此，面试官完全没把面试前的准备工作当回事，自认为等求职者来了随便聊两句，或者做一套试题，就能够判断出求职者是不是符合企业要求。这种面试方式的误选率是极高的，不论是放走了优秀的人才，还是错招了不合适的人，于企业而言都是招聘的浪费。或许招聘官自己开通几条渠道，挑选几个面试者，并不觉得是件多么大的事，可如果是通过猎头

等方式挖来的候选人，企业已经支付了猎头公司较多费用，依然“错过”或者“错用”，不觉得可惜吗？

在面试开始前，任何一个面试官都应该做好充分的准备工作。所谓“磨刀不误砍柴工”，为了挑选出合适的人才，整套招聘体系与流程都有了，为什么就不能再多花一点时间，给即将到来的面试一个好的开端呢？

面试官若是带着其他工作临时参加面试，连求职者的简历都没有仔细看过，又怎么能够从字里行间看出端倪，提出一些高质量的问题呢？

面试很关键的一个环节就是提问，不同的提问方式与技巧，都能够考察出求职者某个方面的能力要素。而这些问题的提出和方式的运用，就有赖于提前对面试做好准备。

当然，提前准备并不是浏览一下简历这么简单，熟悉简历只是准备的开端。在面试应聘者前，需要做好四项准备工作，见图 5-1。

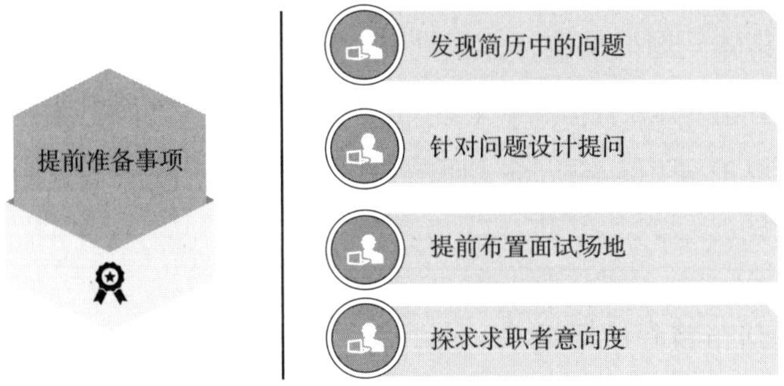

图 5-1　面试前的四项准备工作

1. 发现简历中的问题

浏览简历就是为了发现问题，至于怎样发现问题，在上一节的简历筛选环节已经讲到。这里需要说明的是，因为简历筛选环节和面试环节会涉及很多人，除了最开始的招聘工作者，其他人在面试前几乎是不会看到简历的，这也凸显了面试前准备工作的重要性。不论是常规性问题还是较为隐蔽的问题，都需要面试官拥有一双“火眼金睛”，尽量将它们挑出来。对于有疑问的地方，需要做好记录，在面试时有针对性地进行提问。

2. 针对问题设计提问

常用的面试形式主要分为结构化面试和非结构化面试，具体的会在下一节面试技巧中详细阐述。简单来说，结构化就是面试有一套标准的流程和结构，从头到尾都有一套模板；而非结构化只需要遵循一般的面试流程，灵活性较大。面试官不论采取哪种形式，其核心还是提问，针对不同的疑问，提问的方式必然不同：有些问题只需要求职者回答“是”或“否”，那么他设置封闭型提问即可；而有些问题需要求职者展开来阐述，就需要使用开放型提问，面试官无法从求职者口中获知唯一的答案，只能通过求职者的阐述自行总结与提炼。如此多类型的提问方式和具体问题的设置，如果面试官是在面试时临时去想，即便是有多年面试经验的人，也不一定能做到十分完美，更何况结构化面试本身就要求提前列出一个固定的提问提纲，面试官临时准备就更加来不及了。

3. 提前布置面试场地

现在企业的会议非常多，会议室基本没有闲置，而企业几乎不可能单独设置面试间，因此提前预留会议室作为招聘场地十分有必要。非常容易出现的一个场景是：企业因为没有面试间，只能在大厅或办公室进行面试，这些非封闭场所不便于沟通一些隐私性问题，比如求职者的薪资或者个人隐私等。这会给求职者留下非常不好的印象，就算企业对求职者满意，也会大大降低求职者的意向度。

另外，即便是有面试场所，也要清理干净并做必要的准备。例如有些企业并不禁烟，会议室一股烟味会让求职者非常难受；或者会议室杂乱无章，导致求职者对企业的印象也会大打折扣。根据面试采用的方式，面试官需要将桌椅合理摆放，以方便求职者入座，而不要等到要开始了再来安排。这些工作虽不是大事，但会给求职者造成主观层面的消极影响。企业要做的就是尽一切可能，让求职者的面试过程行云流水，即便其最终面试不成功，但主观感受良好，也是对企业品牌形象的一次传播。

4. 探求求职者意向度

面试的核心目的是为企业选拔出合适的人才。所谓“合适”，并不单指企业认为求职者合适，还包括求职者对企业的中意程度。一个求职者如果工作能力中规中矩，但对企业的意向度非常之高，也有机会被列为考虑的对象。因为面试只是一次短暂的沟通，并不能完全判断出求职者的未来发展，一个愿意加入企业并为工作而学习成长的人，一定会比一个现在符合要求但并没有太多想法的求职者更合适。

我们公司曾经面试过一批做智能驾驶方面的技术人才，其中有一位求职者投递的简历和我们需求有些不符。在初次的电话沟通时，我们就已经明确表达出了这一点，但对方并没有就此放弃，反而接二连三打电话过来，希望公司给他一个面试机会。

在他的主动要求下，我们安排了一次面试，面试官给出的结论是确实不太符合我们的用人要求，但也具备一些工作所需的能力。在考虑到他的积极性后，选择了录用。出人意料的是，他的三个月试用期都还没过，技术部门给出的评价就已经相当高了。

因此，面试官在做面试前的准备时，还可以对一些不太合适但又可以一试的求职者，做一个小小的考验，比如在邀请面试前，先电话沟通确认对方的意向，或者是提供面试机会，看对方做何反应等。这些小的细节点，需要根据实际情况灵活运用。如果求职者不太符合公司要求，本身求职意向也不强，企业也就没必要继续在他身上浪费时间了。

一次好的面试是否能够成功，面试前的准备工作的影响程度较大。因此一次好的面试准备，并不是在浪费时间，相反是性价比很高的一件事，这件事情值得每一个面试官花时间去做。值得一提的是，除了人力资源部门的招聘工作者，其他部门的面试官不一定能吃透上面说到的每一个工作环节，因此更早一步的准备工作，也就是面试官的培训，万不可忽略。只有先知道要准备什么，如何准备，才能谈具体的准备工作。

5.2　多种面试方法，提高面试甄别度

通常我们都会认为，面试是求职者备感煎熬的时刻，但实际上面试也会让招聘官颇有压力。毕竟要在短短半小时或者一小时内，快速了解一个候选人，并判断其是否适合岗位、用人部门是否满意、能否适应企业文化，并不是一件容易的事。正因如此，招聘官才需要在正式开始面试前，做好一系列的准备工作，这也是我们上一节讲到的重点。

许多企业招聘官并非人力资源科班出身，再加上对招聘理论不熟悉，面试的时候习惯于依靠感觉来判断，往往就会在选人上产生偏差。这会大大降低面试的有效性，极容易造成到岗人员短期内再度离职，企业又要重启招聘的局面。而面试又是企业根据求职者口头做出的回答，来预测其未来工作绩效的一个甄选过程，招聘官要想在人才招募过程中提高面试甄别度，招到一流的人才，就必须掌握多种面试方法。这里，我们先对三种常见的面试形式做一个介绍，见图 5–2。

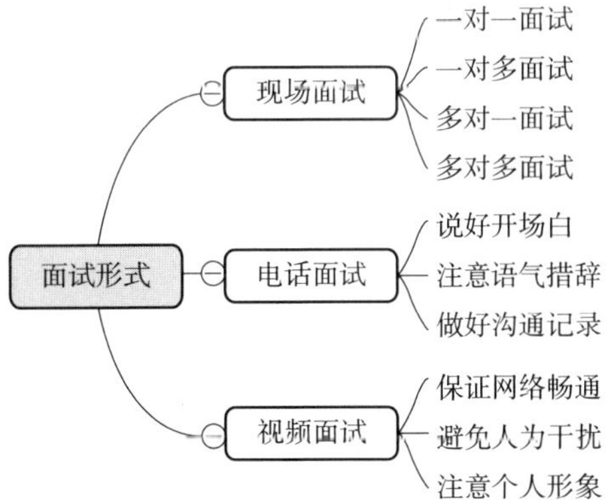

图 5–2　三种常见的面试形式

1. 现场面试

现场面试是企业运用得最多的一种形式，通过面对面的沟通，面试官能够从语言交流、肢体动作等方面，全面了解求职者的各项特征与能力。具体到面试时的安排，以求职者和面试官的数量来划分，有四种形式。

（1）一对一面试

一对一面试是指，招聘官与求职者单独面谈，这是最普遍、最基本的一种面试方式。单独面试的优点是能够提供一个面对面的机会，让面试双方较深入地交流。一般这种面试只有一个主考官负责整个面试过程，该形式大多在规模较小的企业中运用，所招聘的岗位层次也较低。

（2）一对多面试

有些企业前来面试的人员较多，招聘官为了省时、利于对比，会选择一次与多位求职者面谈。通常这样的面试会较为公式化和流程化，有一套固定的面试程序，例如先让求职者按顺序自我介绍，然后再逐一阐述优势，或者通过求职者的相互点评，来快速判断出哪些求职者较为优秀，可以进入到下一轮的单独沟通。

（3）多对一面试

多对一的面试方式目前采用得比较多，正式一点的公司，至少会选派两名面试官同时面试一位求职者。根据公司面试流程设置的不同，面试官可能来自相同或者不同部门，比如两名业务面试官，或者一名人力资源部门面试官和一名业务部门面试官。这样不仅在判断上会更准确，也能够缩短面试时间和流程，提高面试效率。

（4）多对多面试

多对多面试是多位招聘官面试多位求职者，又可以理解为集体面试，一般用于较大型的知名企业。在集体面试中，最常见的便是“无领导小组讨论”。招聘官会给一组求职者（一般不超过 10 人）一个问题，让其在规定时间内进行讨论。在整个讨论过程中，招聘官不参与其中，只是在一旁观察，记录他们在小组讨论过程中所表现出来的组织协调能力、口头表达能力、说服能力、处理人际关系技巧等各个方面的能力与素质，由此综合评价求职者之间的优劣。

2. 电话面试

假如求职者人在异地，无法及时赶到现场参与面试，招聘官一般会优先选择电话面试。尤其是在一些大型企业，电话面试常用于招聘的初试环节，通过初试以后再邀请候选人参与现场复试。目前电话面试大多和初步的电话邀约捆绑在一起，招聘官在邀请求职者前来面试时，就会直接对有意向前来面试的求职者做一次更深入的沟通。

既然电话面试在招聘中难以避免，作为招聘官就需要掌握一定的技巧：

（1）说好开场白

开场白对电话面试来说十分重要，招聘官应说明打电话的意图，确认是否是求职者本人接听，称其全名加称谓，如“××× 先生”，以表达对求职者的尊重。此外，有些人选仍处于在职状态而不方便接听电话，招聘官可与其确认其他时间另行安排。

（2）注意语气措辞

招聘官在与求职者的电话面试中，应表现出专业的态度，一方面需注意语速语调，避免声音太轻或者语速过快等情况，影响沟通效果；另一方面在措辞上应诚恳，让电话另一头的求职者有受尊重的感觉，如有必要，还可以介绍公司及岗位的有关情况。

（3）做好沟通记录

虽然电话面试并不像现场面试那般正式，但招聘官依然需要予以足够的重视，要做好沟通过程的记录。某些时候，电话面试的记录也可为后续现场面试提供一定的参考。

3. 视频面试

在人工智能、大数据等新技术快速发展的时代，越来越多的企业开始采用视频面试的方式开展人才招募。视频面试具备一些独特的优势，比如更容易安排时间、节约招聘成本、更容易体现出求职者的性格特征等。想要用好视频面试，招聘官需关注以下三个事项：

（1）保证网络畅通

网络畅通是促成一次好的视频面试至关重要的因素。招聘官需要事先测试视频设备，确保网络环境。假如在视频过程中发生了断网等故障，短时间内难以修复，招聘官应及时与求职者沟通，确认下一次面试的时间。

（2）避免人为干扰

视频面试应选择在较为清静的环境中进行，尽量避免人员嘈杂的公共区域，例如可以选择会议室，并在会议室门口悬挂“视频面试中勿打扰”的提示牌。因为受双方网络及设备的影响，不太容易听清对方在说什么，所以安静的环境必不可少。

（3）注意个人形象

招聘官是企业最好的形象窗口，视频面试应和现场面试一样，招聘官需保持良好的个人形象，如仪表整洁、着装得体、坐姿端正、面带微笑，这些都是最基本的商务礼仪要求。往往视频面试比现场面试更容易凸显招聘官所代表的企业形象，因为不同于现场面试，应聘者可以全方位观察招聘官，而且视频面试仅仅是头部或者上半身出镜，更易凸显招聘官的行为举止、神态气质等细节。

在三种面试形式下，面试方法主要有五种：结构化面试法、情景模拟法、压力面试法、行为面试法、小组讨论法。本节先讲前三种面试方法，见图 5–3。

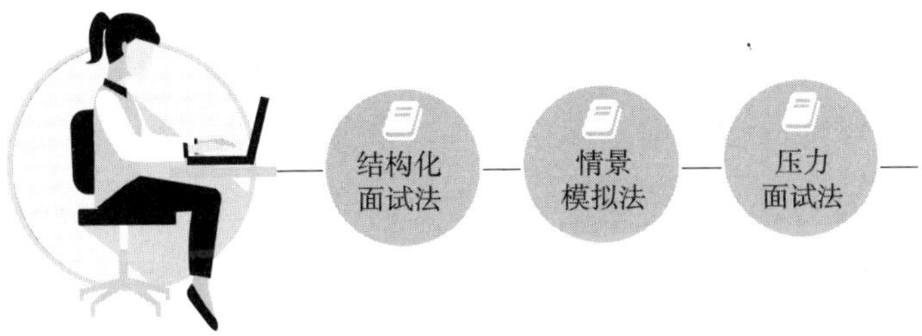

图 5–3　常用的面试方法

1. 结构化面试法

中国科学院研究员时勘教授将结构化面试的概念定义为：根据特定职位的胜任特征要求，遵循固定的程序，采用专门的题库、评价标准和评价方法，通过考官小组与应考者面对面的言语交流等方式，评价应考者是否符合招聘岗位要求的人才测评方法。

简单来说，结构化面试就是按照事先准备好的面试问题清单，按照同样的提问顺序，向候选人提问。即便是同一个岗位，不同的候选人也都是同样的问题清单，以及同样的评价标准。这就可以有效避免因为面试官的主观因素，而导致对同一个岗位的不同求职者，即便在能力相同的情况下，给出不同的评价。结构化面试经常与胜任力素质模型结合，根据岗位要求的胜任力来设计面试问题。除了结构化面试法外，还有半结构化面试法与非结构化面试法，此两种都是在结构化的基础上所做的改变，面试流程会相对不那么正式，面试官主动性较大。

2. 情景模拟法

情景模拟法是招聘官给求职者设置一系列工作中可能会遇到的事件，并询问“在这种情况下会怎么做”，以此来鉴别求职者与工作相关的行为意向。情景模拟的面试方法是基于“目标设置理论”。目标设置理论认为，一个人的未来行为会在很大程度上，受到他的目标或行为意向的影响。基于这个假设，应试者对他将来会怎么做的回答，与他将来真实的行为之间有非常高的相关性。

在情景模拟面试当中，面试题目主要是一些情景性的问题，即给定一个场景，看对方在特定的情景中是如何反应的。情景模拟面试主要考查求职者的思维灵活性与敏捷性、语言表达能力、沟通技能、处理冲突的能力、组织协调能力、人际关系处理能力等。总体上看，它是一种低成本，但很有效的模拟工作相关事件的面试方法。比如企业需要招聘一名超市大堂经理，就可以模拟这样一种情景：某位顾客因为不满售货阿姨的态度，要投诉超市，作为经理，怎样处理这一情况。

3. 压力面试法

压力面试是招聘官将求职者置于一种人为的紧张气氛中，让对方接受诸如挑衅性的、非议性的、刁难性的刺激，以考查其应变能力、压力承受能力、情绪稳定性等。压力面试中，招聘官往往先提一个不甚友好的问题，一开始便劈头浇冷水，让求职者在委屈和激愤中露出本色。通过此种“压力发问”方式，逼迫求职者充分表现出对待难题的机智灵活性、应变能力、思考判断能力、气质性格和修养等方面的素质。此方法在第四节“极限状态面试法”里，我们会再次做出阐述。

近年来，虽然企业的招聘渠道越来越多，但几乎所有的企业管理者都在抱怨人才招募难。想要招到合适的人才，面试这个环节至关重要。而好的面试不仅能够帮助企业精准了解求职者的能力、潜力、性格、态度等信息，还可以提升雇主品牌形象。因此，面试是一门技术活，对企业招聘官来说，除了要具备丰富的实战经验，还要能掌握这些常用的面试形式和方法，如此才能提高面试甄别度和预测准确率，帮助企业物色到更多合适的人才。

5.3　正确提问，牢牢掌握面试主动权

在企业对人才的选拔面试中，假如招聘官不掌握一定的提问技巧，很可能就发现不了求职者隐藏在话语里的“谎言”，从而让其蒙混过关。

某年秋天，我曾在校园招聘中面试过一位应届毕业生，让对方介绍自己在学校参加社团的情况。

他是这么回答我的：“我和几位同学成立了大学生就业指导社团，我担任社长，吸收了不少新会员，又与知名企业合作帮助大学生就业。”

从求职者回答的内容来看，招聘官可能会认为这是位比较适合的候选人，但我进一步展开了追问：

“联系了哪几家公司的什么人？”

“形成了什么样的合作计划？”

“协助哪位同学到什么公司去工作了？”

显然，这位求职者经不住追问，回答的内容开始自相矛盾。

类似的情况还有许多，曾经有这样一则新闻：

一位“面霸”通过伪造学历证书和履历，在三轮的面试中，过五关斩六将成功应聘了某大型企业的高管职位。但是入职后，却发现他根本没有从事企业管理的经验和能力，有的只是纸上谈兵的理论，于是那家公司不得不花费高昂的猎头费，重新寻找其替代者。

从上述这些案例中，我们可以发现，有些求职者在参加企业的招聘面试前，都“做足了功课”，他们甚至总结出招聘官会提出什么样的问题。企业希望物色到最合适的人才，那么招聘官就需要掌握正确的提问技巧，牢牢掌握住面试主动权，才不至于被求职者牵着鼻子走。

在上一章就已经提到过，为了验证求职者简历是否存在“虚假”成分，. 招聘官可以在面试时采用行为面试法。该方法最早可以追溯到 20 世纪 60 年代，美国组织心理学家开展了相关的研究工作，行为面谈的雏形就诞生了，经过演变，后来逐渐应用到企业的招聘面试中。

上一节已经讲到了三种常用的面试方法，这里重点强调一下行为面试法。行为面试法是企业招聘中最常用的提问方法，其理论依据是，一个人的行为模式是相对稳定的，不会在较短的时间内发生重大变化，所以在遇到类似的情景时，人的行为反应倾向于重复过去的方式。因此，行为面试关注的是求职者过去实际发生过的行为。基于行为一致性假设，即“过去行为就是未来行为的最好预测指标”，招聘官就会通过提出一系列针对求职者过去行为的问题，收集代表性事件中具体行为和心理活动的详细信息，来评价该人选是否适合本岗位。

回到上述提到的应届毕业生面试案例，假如求职者在校期间确实担任过社团的核心岗位，并组织开展过许多卓有成效的社团活动，那么他以后在工作岗位上，也是一个社交能力出色、成就感强的员工。可惜的是，他是为了面试而面试，并未具备真实的社交能力。

孔子说过的“听其言而观其行”，表达的也是这个道理，招聘官希望了解一个求职者究竟能否胜任职位，需要知晓其过去做过什么事情，才能有较为科学的预测和评判。行为面试法主要基于 STAR 法则进行提问，“STAR”分别是四个英文单词的首字母，具体的含义见表 5-1。

表 5-1　STAR 法则的具体内容阐述

字母	含义	具体说明
S	情境（Situation）	描述当时任务所处的情景或背景，例如你正在开展一个小组项目或者与同事发生了冲突
T	任务（Task）	描述接到了什么样的任务，目标又是什么，例如你必须帮助团队在最后期限内完成一个项目或解决与同事的冲突问题
A	行动（Action）	描述当初是怎么做的，遇到了什么困难，又做了哪些努力
R	结果（Result）	解释所采取行动所产生的结果，求职者可能会强调完成了什么，或者学到了什么

行为面试的 STAR 技术作为识谎的常规武器，比起传统的面试提问技巧，可以更精确地预测求职者未来的工作表现。当招聘官发现求职者回答的内容有矛盾之处，或对方始终在某些信息上含糊其词，则可能有说谎成分。如果得到了一个完整、清晰、真实的行为事件，那么招聘官就能对求职者进行准确全面的评价了。需要注意的是，招聘官运用行为面试法进行提问，并不是让求职者一次就完成所有的回答，而是像剥洋葱一样，让对方努力回忆过去的行为细节，最终形成一个完整的 STAR。要做到有效提问，面试官应掌握以下三个技巧，见图 5-4。

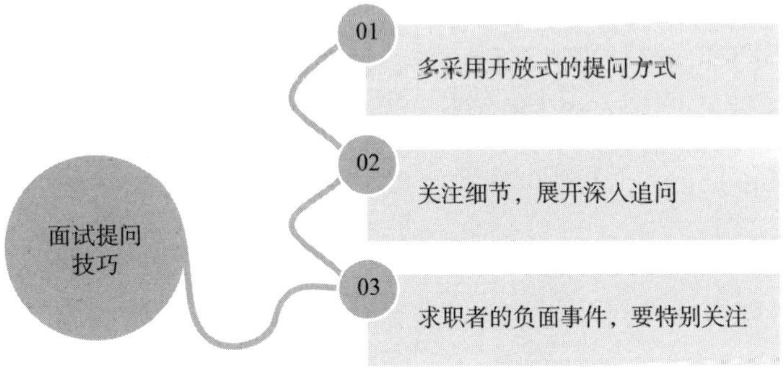

图 5-4　面试提问的三个技巧

1. 多采用开放式的提问方式

招聘官常用的提问方法有四种，分别是：封闭式提问法、开放式提问法、诱导式提问法、假设式提问法。采用封闭式提问法在面试开始阶段比较合理，但在进入行为面试后应尽量多采用开放式提问法，让求职者畅所欲言。

例如，招聘官希望了解对方的团队精神如何，不建议直接问“你认为自己的团队精神好吗？”因为这属于封闭式的问题，对方只能回答好或者不好，并且对方显然知道只能回答“好”，至于是不是真实，反而并不是首要考虑的问题。因此招聘官可以尽量让求职者用事实来说话，通过层层提问，提高求职者回答的可信度，例如“请说一件过去在团队工作时，你遇到过最具挑战性的事情”。

2. 关注细节，展开深入追问

在使用行为面试法时，招聘官抓住细节展开追问是十分重要的。由于一些求职者在面试前受过一定程度的训练，他们会根据招聘官常问的问题准备一些例子，而这些例子未必是真实发生在他们身上的。因此，在提问过程中深入追问细节，让对方没有太多思考与准备的时间，招聘官就能更容易判断出求职者所叙述事件的真实性。

举个例子，一位毕业不久来应聘销售岗位的年轻求职者，告诉招聘官他虽然没有直接从事过销售工作，但在刚毕业时曾有在街头给客人擦皮鞋的经历。为了验证其真实性，招聘官可以追问几个问题：“是在哪里摆摊擦皮鞋的”“从刚开始做这份工作，到能张开嘴吆喝，用了多久时间”“擦一双皮鞋需要多少钱”。假如对方的回答没有明显的犹豫，并且具有条理性且符合社会常理，那么基本上就可以判断此为个人真实的经历。

3. 求职者的负面事件，要特别关注

有的求职者会有一些负面事件，比如曾经有被原公司辞退的情况等。实际上在这些负面事件的背后，往往隐藏了其求职动机、人格特质、价值观等“冰山下”的深层次特征，所以招聘官有必要对其中的细节特别关注。

例如，某位来企业应聘见习生岗位的求职者，在回答问题中提及自己大学期间曾经考试挂过科，那么招聘官就需要了解出现这种情况的原因，从而判断他是在学习方法上出现了问题，还是在学习态度上出现了问题。负面事件并不可怕，毕竟每个人在成长过程中都会遭遇一些挫折，而招聘官最应该关注的，是求职者是否从中吸取了教训并且有了明显改善。

在人才的招聘面试中，求职者刻意掩饰自己的一些缺陷，或者编造一些成功的经历，确实会让招聘官感到苦恼。但招聘官应该明白，面试不仅仅是一项程序化的工作，还需掌握正确的提问技巧，如此才能在面试时有效识破求职者信息中的“水分”，从而挖掘其背后真实的动机、性格与能力特点等关键要素。只有做到了这一点，招聘官才能够牢牢掌握面试的主动权，为企业选拔出真正合适的人才。

5.4 极限状态面试法，快速分辨高潜人才

面试多了，很多内容就不再是秘密了，比如面试开始时，面试官一般都会让求职者做一下自我介绍。但凡有那么一点意识，求职者都会事先准备，因此自我介绍就不具备什么考查作用了。

对我个人而言，一般不让求职者做自我介绍，而是会这样问求职者：请用两分钟做一下自我介绍，但我不想听你简历上已有的内容，请你说一点简历上没有的。

我的这一提问，往往会让求职者有点不知所措，他们完全没预料到我会问这个问题，于是在支支吾吾中给了一个他们临时想出来的答案。实际上这是一种面试方法，叫作极限状态面试法，它是一种压力面试法，通常面试官会提出一些刁钻甚至是咄咄逼人的问题，专挑求职者的“软肋”入手，将求职者推入尴尬的处境。这是目前不少企业常用的一种面试方法。

极限状态面试法不同于前面讲到的结构化面试法、行为面试法等，它需要招聘官在不经意间，有意制造出紧张而有压力的气氛，提出一些具有挑战性的问题或设计类似的情景，通过连环追问或者质问的方式，观察应聘者的反应和回答，以此试探应聘者“冰山下”的素质和个性。当人处于常态下时，他所表现出来的个性特征也许只是一小部分，甚至会有些失真，而招聘官想要挖掘出求职者“冰山下”的特质，就只能通过一些非常规的考查手段，比如给求职者施压，看他面对压力时的各种

反应。

极限状态面试法的使用手段不一，只要能给求职者造成压力，均可以在适当时机加以使用。一般会从以下四个方面入手，见图 5-5。

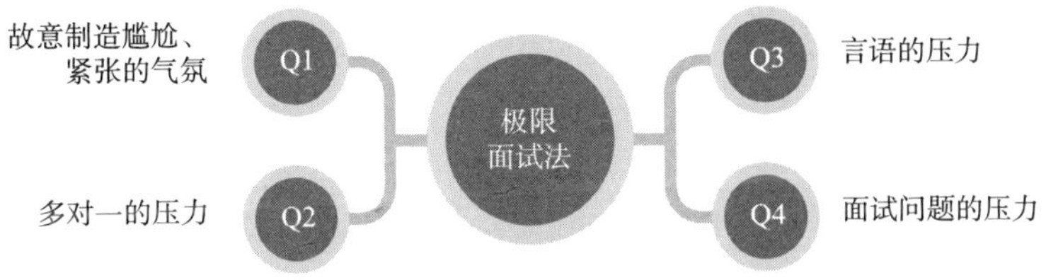

图 5-5　极限状态面试法的四种手段

1. 故意制造尴尬、紧张的气氛

比如刚到面试现场，求职者就被带进一间“小黑屋”，房间很小，光线也非常暗，让求职者一进房间就感到巨大的心理压力。等到面试官进来，打开灯，才发现是一间再普通不过的面试单间，求职者的心态才得以缓过来，但刚刚的紧张气氛，已经把求职者原本准备好的节奏打乱，此时易于面试官观察求职者最真实的状态。

2. 多对一的压力

这在多对一的面试形式中经常会碰见，多位招聘官提问节奏较快，步步紧逼，不给求职者过多思考的时间。招聘官的问题一个接着一个，甚至求职者一个问题还没有回答完，另一位招聘官的问题接着又跟上来。更进一步，甚至可以控制求职者回答问题的时间，时间一到就必须停止回答，不论其是否表达完。

3. 言语的压力

有的招聘官会故意使用严厉的措辞，让求职者很不舒服。他们甚至会在求职者坐下来那一刻，就给求职者浇一盆冷水，让求职者在委屈和愤怒中露出本色。在这些面试官看来，只有击溃求职者的心理防线，才能达到极限状态面试的目的。

4. 面试问题的压力

有些招聘官喜欢提一些隐私性话题，让求职者很不舒服，从而产生压力感。有些会问一些“陷阱”问题，这种问题求职者不管怎么回答都会感觉不妥，但不回答又不行，在进退两难间让求职者产生巨大的心理压力。再比如根据简历内容，问一些和面试岗位毫不相关的问题，让求职者难以回答，在不知所措中，压力就产生了。

在我参加一所高校MBA面试时，面试我的老师就采用了压力面试的方法，他在我的自我介绍完毕后，提出了一个和MBA毫无关联的古典文学问题，我完全回答不上来，紧接着在这个问题之后，他以批评的态度质疑我的专业性，认为做管理的人不能不懂一点文学，目的就是想让我难堪。但当他提出第一个问题的时候，我就已经知道这是压力面试，而这个问题是否能回答上来，并不影响我接下来的正规面试，因此被我轻松化解，并顺利拿到了这所学校面试的优秀资格。

极限状态面试的主要目的，就是帮助招聘官观察求职者在压力下的反应，考查求职者的能力、适应性、团队协作精神、解决疑难问题的能力、抗压能力等。而这些素质，是某些岗位所必须具备的，如销售、售后服务、生产管理这些需要经常面对压力场景的岗位，不具备一定的抗压能力，不能在极限状态下正常发挥，再有能力也无济于事。

心理学研究表明，人在两种情况下一般无法伪装自己：第一种是没有必要伪装。比如面试一些高管职位的时候，经常会采用轻松面试的方式，改变面试场所，在咖啡馆、餐厅，让对方完全放松，通过看似不经意的聊天闲谈，多方面收集对方的信息。第二种是没有能力伪装。特指在高压力之下让候选人手足无措、原形毕露。这也就为压力面试某些岗位的求职者提供了理论的支撑。在实践中，极限状态面试法有五种提问方式，见图 5–6。

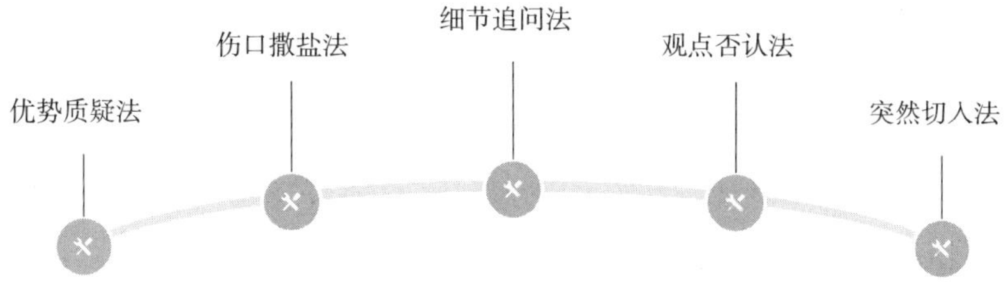

图 5–6　极限状态面试法的五种提问方式

1. 优势质疑法

优势质疑就是针对候选人的个人优势，或过往成功业绩进行质疑，当面泼冷水，观察对方的回应方式与临场表现。比如，通过查看简历，发现候选人在某方面取得优异成绩，我们在面试的时候就可以针对这个具体成绩进行质疑，“你之前说曾经带领团队完成 ×× 项目，但这个项目技术含量在我们公司看来简直是不值一提，是个非常简单普通的项目，你怎么看？”再比如，候选人的专业课成绩非常优秀，招聘官可以讲，“在大学里面就是应该好好学习，所以专业课成绩好是最基本的表现，没有什么值得炫耀的，你就没有取得点别的成绩吗？”

2. 伤口撒盐法

伤口撒盐即针对候选人过去的失败表现，再狠狠踩上一脚。注意这个方法杀伤力比较强，可能会引发对方的情绪波动，甚至可能会伤及自尊心，要点到为止。比如，候选人在描述过去曾经有一个失败的项目，招聘官可以讲，“这个项目没有任何难度，你怎么会失败呢？”再比如，候选人虽然有一定的工作经验，但薪资要求不高，招聘官可以讲，“像你这个年纪工资要求却还是这个水平，你如何看待？”

3. 细节追问法

细节追问即针对某一个问题，招聘官采取打破砂锅问到底、咄咄逼人的提问方式，不问到求职者词穷就不罢休。比如，谈到对方曾经负责的某个项目，招聘官可以连续追问，“这个项目的背景是什么？期望目标与实际现状有哪些具体差距？你有提前预估项目有哪些风险吗？为什么你没有预估到可能出现的那个风险，它不是很容易就被发现吗？”

4. 观点否认法

观点否认即招聘官针对候选人的某些结论观点，当面提出否定。比如，求职者聊到了他对某一个问题的看法，招聘官可以讲，“我不同意你的观点，你的想法太偏激了。”再比如，求职者通过某一个例子来证明自己具备某一能力，招聘官可以讲，“我认为你举的这个例子并不能证明你具备这一能力，你就没有别的可以证明的吗？”

5. 突然切入法

突然切入即招聘官前一分钟还与候选人很轻松地聊天互动，气氛融洽，后一分钟突然画面一变，打候选人一个措手不及。比如，双方聊得比较愉快，在求职者讲了某一件事后，招聘官突然讲，“抱歉，从你刚说的这件事来看，我认为你并不适合我们提供的这个岗位，你觉得呢？”实际上我在上面谈到的，关于我面试 MBA 的一个小插曲，面试老师就是采用了突然切入的方法，让我突然间没有反应过来，那一瞬间，压力也就出现了。

从上面的介绍就可以看出，极限状态面试法是一种专业性相对较高的面试方法，需要招聘官具备丰富的人力资源从业经验、扎实的专业知识、较好的沟通技巧，才能运用得当，快速分辨高潜人才。为此，从匹配度出发，在面试前事先准备好几个问题，更有助于招聘官取得较好的面试效果。比如针对求职者的随机应变能力、处理问题的能力、人际关系能力等方面，设计一些有针对性的问题，而不是泛泛而谈，这样可以有效避免极限状态面试法的乱用。

在设计压力面试问题时，可以从价值观匹配、岗位胜任力和简历解析三个方面入手，有针对性地做三方面考查，见图 5–7。

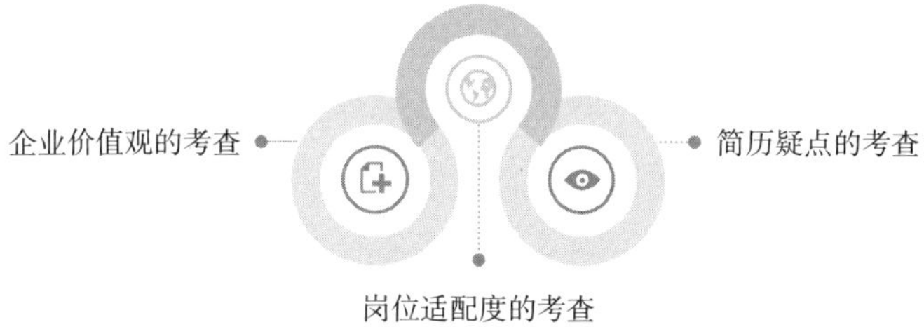

图 5–7　压力面试的三个考查点

1. 企业价值观的考查

每家企业因为使命、愿景、核心价值观的差异，对求职者的要求也会不一样，这些虽然不体现在工作技能当中，却是选拔一个合适员工不可或缺的。通过压力面试，能够较好地考查求职者的价值观是否与企业相一致，比如企业所倡导的是压力面前愈战愈勇，而求职者碰见压力就退缩了，显然不符合企业要求。

2. 岗位适配度的考查

岗位技能方面的考查，需要根据不同岗位的素质模型、关键能力要求进行提问，岗位胜任力问题不宜过多，一般 3~5 个比较合适。压力面试所考查的岗位胜任力，往往是员工个人的综合素质，比如沟通能力、情绪管理能力等。

3. 简历疑点的考查

很多求职者为提高面试机会，都会不同程度地美化简历，甚至造假，这在上一章已经讲到。为了验证求职者简历中信息的真伪，可以从简历中找出一些疑点，或者是根据面试现场的沟通情况，有针对性地进行提问来进一步验证，关于事件是否属实、数据是否存疑等方面，均可以采用极限状态面试法，打乱求职者的节奏，让其在忙乱中说出最真实的情况。

虽然在论述本部分内容时，已多次提及极限状态面试法很难掌握，容易出现不可预料的情况，但在最后还需要再次提醒大家，在实施极限状态面试法时，招聘官要提前准备好时刻打圆场的策略。通常想要采用此法，建议用双打策略，由两名及以上招聘官进行集体面试，一个招聘官唱红脸，一个招聘官唱白脸。

如果确实只有单个招聘官，则可以运用两个沟通技巧来打圆场。一是在实施压力面试前进行话术铺垫，比如“我这个人就是直肠子”“我这人讲话比较直来直去，经常得罪同事，你不要介意”。二是结合对方的应对给予部分肯定。比如，“你说的也有道理，站在你的立场上，的确只能这样，但是，我还是不完全认同你的观点”；“如果我是你，也未必处理得比你现在更好，但是，我认为确实有更好的办法”。通过给对方一个台阶，让双方情绪矛盾可以缓和，不至于引起求职者的抵触情绪，甚至闹得不欢而散。

最后想说的是，极限状态面试法只是分辨高潜人才的典型工具，需要再三提醒招聘官不要假戏真做，防止发生现场冲突与人际摩擦的情况，影响了企业形象。另外，极限状态面试不是给求职者压力越大越好，而是要保证被试者在恰当的压力下，激发出求职者最真实的反应，帮助面试官快速分辨高潜人才。

第6章

背景调查：审视过去，预测将来

6.1 规避用人风险，从背景调查开始

海底捞作为餐饮品牌连锁企业，以人性化的服务而知名，但2017年的一则新闻让海底捞的名声骤降。在某城市，记者爆料海底捞的卫生情况极差，比如老鼠在后厨地上乱窜、员工把打扫卫生的簸箕和餐具放在同一个池子里洗。

新闻爆出后，网上骂声一片，海底捞也就此事立即道歉，并承诺进行整改。

这件事情表面上反映的是海底捞的卫生问题，但实质上是企业规则问题，或者是员工不作为问题。但海底捞是全国连锁餐饮企业，企业卫生规则统一，问题发生在个别地区而非全国普遍，说明必然是由于后者——该城市的海底捞员工不作为导致。如果每个员工都能按照标准执行任务，那一定不会有这样的事情发生，也不会给公司造成如此负面的影响。员工为什么会不按公司标准执行呢？

归根结底是员工内心出了问题，并没有把餐饮行业的安全放在心上。从源头来说，企业在招聘员工的时候，就应该通过一些调查，探寻员工过去做过哪些出格的事情，在前期就严格员工准入，避免后期在用人上出现问题，有效规避这些问题的发生。

事实上，该城市的海底捞企业确实因为忽视对员工的背景调查，导致一些不合格的员工进入公司。员工在岗位上不作为，不按照规则制度完成任务，最终才给公司造成巨大的负面影响。所以，一定要对员工做好背景调查，确保他们合格之后才能进入岗位。

我一个朋友的公司，在去年录用了一个员工担任公司技术部经理。可该员工是在未办理原公司离职手续的情况下，直接到朋友公司上班。

结果原公司以该员工未与其解除劳动关系及擅自离职给公司造成经济损失为由，将他及朋友公司诉至法院，并要求朋友公司赔偿经济损失50万元。法院最后以朋友公司录用尚与原公司存在劳动关系的员工，并造成原公司经济损失为由，判决朋友公司承担了部分赔偿责任。

我的朋友原本以为招募到了一个得力干将，没想到还未产生任何价值，反倒让公司损失了一笔，当真是“赔了夫人又折兵”。

这是一个非常典型的因为招聘官没有对求职者做背景调查，而让公司蒙受经济损失的案例。类似的事件已经屡见不鲜，随着劳动者流动率的提高，越来越多的问题摆在企业面前，要解决这一系列问题，避免给企业带来不可预见的损失，背景调查（行业简称：背调）成了当务之急。但在实际工作中，背调执行起来还是存在一定困难的。

一般情况下，背景调查执行困难有三个原因，见图6-1。

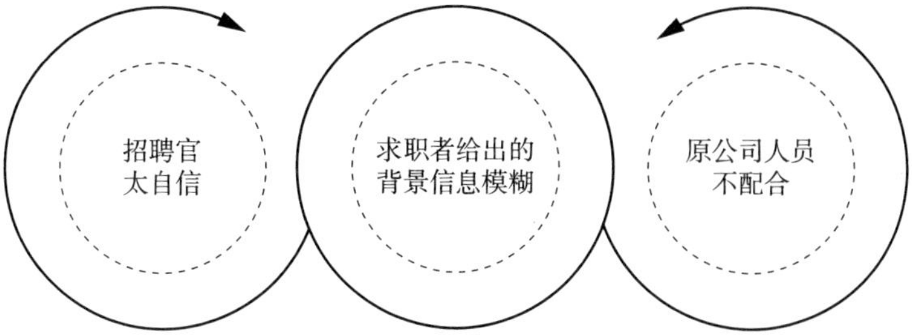

图 6-1　背调执行困难的三个原因

1. 招聘官太自信

招聘官都有自己独特的面试经验和技巧，有一套自己识人、选人的标准，这导致他们在选拔人才的时候，喜欢用自己的经验去判断人才是否适合企业。这种做法显然是不妥的，因为招聘官的主观意识只是个人的想法，而要判断求职者是否符合企业发展要求，一定要基于事实。对事实的认清，就需要对求职者做背景调查。

2. 求职者给出的背景信息模糊

有些求职者的背景信息造假，或者他们不希望招聘公司对他们做背景调查，因此会故意模糊背景信息。例如，有一些求职者会提前与公司的负责人沟通好，让他们尽量给自己说好话。这些现象已经非常普遍，这就给背景调查的真实性打了折扣。

3. 原公司人员不配合

背景调查往往会通过求职者提供的证明人，或主动收集的以前单位相关信息，来核实求职者的个人资料。招聘官给相关人员打电话求证，对方很可能出于“不想惹麻烦”的目的，只说好的，而不会说最真实的想法；他们也可能不大乐意配合，觉得非常麻烦、耽误自己的时间；还可能为了避免承担责任，他们不愿意对已经离职的人员进行评价，这些都无疑会给背景调查增加难度。

尽管背景调查实施起来比较困难，企业招聘人员仍需克服这些困难做好这件事。当然，在正式实施前，招聘人员还需弄清楚背景调查的四个问题，见图 6-2。

图 6-2　开展背景调查前需要明确的四个问题

1. 熟知背景调查的法律依据

做任何事情都必须合法，这是我们做人力资源工作的基本原则，背景调查自然也不例外。很多招聘官之所以不做背景调查，是因为他们认为背景调查涉及求职者的隐私，是一种违法行为。事实上，背景调查完全不违背从民法到宪法的相关法律规定。《中华人民共和国劳动合同法》第八条规定："用人单位招聘劳动者时……用人单位有权了解劳动者与劳动合同直接相关的基本情况，劳动者应如实说明。"而这里面的基本情况包括学历、履历、离职原因、工作业绩等，背景调查事实上就是法律赋予企业最好的保护。

2. 征得背景调查对象同意

不少招聘官在进行背景调查的时候，会私下进行，他们认为这样的背景调查得来的信息才更加真实。可实际上，在没有征得求职者同意的情况下就盲目展开背景调查，很容易引起对方的反感，甚至会让对方认为你侵犯了他的隐私，求职者完全可以以"企业未获得背调许可就私自开展背调”为由，将公司告上法庭。一般的做法是，企业在面试结束的时候，明确告知求职者公司会对其展开背景调查，或者可以在求职表模板中注明，会对求职者背景进行调查（具体会在下一节继续阐述）。正常情况下，求职者都会表示理解和支持，如果求职者极力反对这件事，那就说明这个人的简历中很可能存在造假信息，不用进行背调，就可以直接不再对其进行录用考虑了。

3. 知晓背景调查适用岗位

在一般招聘官看来，只有中高层管理者、财务、技术人员等需要做背景调查。这种想法显然是片面的，如果时间和条件允许，建议所有的岗位都做背景调查，哪怕是基层的员工，如保安、服务员等。因为越是这些基层岗位，越容易存在信息造假行为，越容易给企业造成负面影响。比如前文提到的海底捞后厨一事，就是因为一名普通员工将卫生意识抛之脑后导致。

4. 明确背景调查开展时间

一般情况下，只有在决定录取某个候选人的时候，企业才会开展背景调查工作。背景调查工作一定要在发 Offer 之前，且背景调查结果必须客观、真实。对调查结果存在问题的求职者，如果对方无法给出一个满意的解释，招聘官一定要果断 Pass，不论其面试表现如何优秀。面试官必须清楚的一点是，能力越强的人，如果其品行有问题，破坏性也越大。

上述就是做背景调查必须清楚的四个问题，如果已经明确，就大胆地开始做背景调查吧。需要注意的是，背景调查不是对过去的完结，而是在审视求职者过往经验的基础上，更好地对其未来做好预测。关于这点，在本章的最后，会再次具体阐述。

6.2 背景调查的准备工作

在这些年从事管理咨询的经历中，我们发现有许多企业招聘官并不熟悉背景调查的流程及具体操作。例如，有部分招聘官会在没有得到候选人同意的情况下就直接进行背景调查，这往往会令候选人产生不好的应聘体验，最终合适的候选人拒绝入职，招聘官的专业能力也被质疑，进而会导致企业形象受损。这一点，在上一节的注意事项里已经有所提及。

因此，企业在对候选人进行背景调查之前，就应做好充分的准备，此阶段也是整个背景调查中的基础工作。我们上一节说到的“征得求职者同意”只是其中一个环节，具体来说，准备工作可以分为三个部分，见图 6-3。

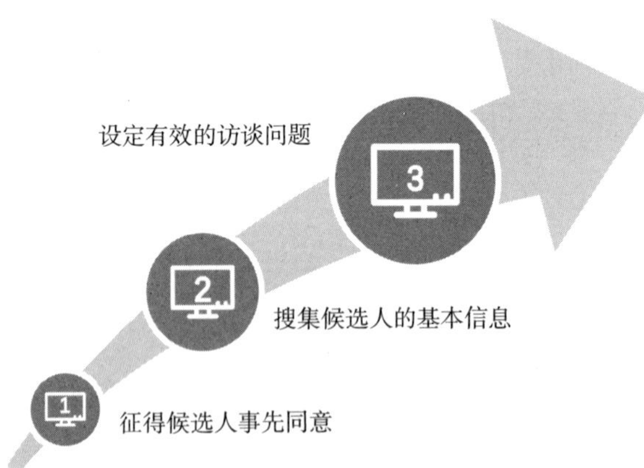

图 6-3 背景调查开展前的三个准备工作

1. 征得候选人事先同意

背景调查正式开始前，招聘工作者做好与候选人的沟通十分关键。毕竟这项工作不会像私家侦探那样偷偷调查个人的隐私问题，招聘官若希望顺利地进行背景调查，就必须先知会岗位候选人，征得对方同意，或有了背调授权书后方可进行，否则不建议在候选人不知情的情况下开展背景调查。

目前国内一些知名的大企业，在开展背景调查时做得相对比较人性化。他们的招聘官通常会给候选人发一封有礼貌的信件，并在其中清楚地写明了背景调查过程中可能会涉及的一系列问题，包括被调查者的权利和义务等。

取得候选人授权这一动作非常重要，有些招聘官在做背景调查的时候不希望候选人知道，但这样会使企业面临两个风险：一是法律风险。做背调的过程本质上也是采集个人信息的过程，而在这个过程中难免会涉及个人隐私的部分。在缺少个人授权的情况下，任何人或企业都不得擅自采集个人信息，否则将面临法律风险。二是候选人不信任的风险。入职背调主要还是通过候选人曾经的同事或领导了解其工作情况，贸然开展调查，很容易造成候选人的反感和不信任，弄巧成拙痛失优秀人才。

为了避免这两个风险产生，招聘官可采取两种方法：

第一，招聘官在面试结束后，告知候选人背景调查事宜。

这是获得授权最为直接的方式，也最节省时间。在面试过程中，招聘官对于候选人的情况已经有了较为全面的了解，对其表现也有一个大致的分数。在面试即将结束的时候，假如招聘官对于这位候选人比较满意，决定录用，可以立刻告知对方接下来要进行背景调查这个事情，并准备一份书面授权书让候选人签字。

第二，在给求职者发面试登记表或录用通知书时直接附带背景调查授权书。

例如，求职者前来面试，在填写面试登记表时，要对该登记表中的“企业保留对求职者进行背景调查的权利，如求职者同意请勾选‘是’”进行填写；或者在面试结束后，招聘官给候选人发送录用通知书的同时，可以附带一份背景调查授权书，让候选人签字同意，或者回复“同意”的邮件。如果有可能，最佳的方式还是由候选人在背景调查授权书上签字授权。

2. 搜集候选人的基本信息

候选人的基本信息主要包括身份信息与工作履历两部分。

首先是身份信息，包括姓名、身份证号码、电话号码、学历毕业证编号等。搜集完身份信息后，企业便能在后续的背景调查中对候选人的身份进行验证。而涉及犯罪记录、法院诉讼、工商注册等特殊身份信息的核实，往往需要借助权威数据库，若企业方不具备相关技术手段，可委托专业的第三方背景调查公司进行验证。

其次是工作履历的信息，包括候选人过往每一份工作的起止时间、工作内容、工作表现、离职原因、薪资数据、直属上级与人事部门联系方式等。

招聘官收集候选人的基本信息，可以通过三个渠道来完成。

第一，候选人投递的简历。这是信息最初也是最为直接的来源，但简历中的信息往往不够完整，需要其他渠道加以补充。

第二，候选人参加面试时所填写的信息。例如许多企业常用的《求职信息登记表》，由于表格是企业结合自身招聘要求设计，因此基本可以满足背调信息搜集的需要。

第三，招聘官在面试时了解到的信息。面试本身可视为一种搜集信息的方法，尤其是候选人此前提供信息不完整或不明确时，面试回答的内容可以作为履历信息的有益补充。

3. 设定有效的访谈问题

招聘官对访谈问题的设定与整理，是背景调查准备工作中最重要、技术含量最高的部分，其意义主要体现在两个方面：

一是访谈问题的专业性。因每个行业、每个岗位的职业特点有所不同，这就导致评价候选人的核心指标会千差万别，除一些标准性的问题外，招聘官对行业及岗位中较为深入的个性化问题，需提前做好充分的整理和背景知识的了解，否则，对一些专业的证明人来说，很难与其进行有效的沟通，这不仅会给证明人造成不信任感，还会直接影响背景调查的质量。

二是访谈问题的逻辑性。例如哪些问题该优先问、哪些问题该延后问，招聘官需要事先规划，尽量使问题与问题之间保持前后的验证关系，环环相扣。

在设计背景调查问题时，招聘官需要遵循四个原则，见图 6–4。

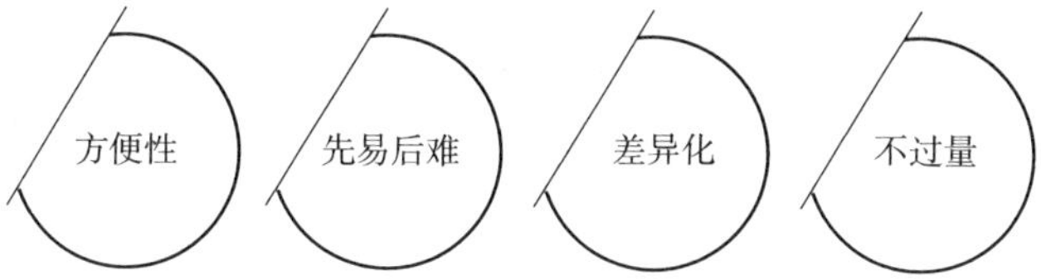

图 6–4　背景调查问题设计的四个原则

（1）方便性原则

招聘官在要求证明人进行回答时，一般应设计结构性问题，避免提出过多的开放性问题，因为开放性问题往往需要证明人花费一定时间思考。此外，在进行商业资信调查时，如要求对方以信件形式寄回，应附上回邮信封并贴好邮票，填好地址。

（2）先易后难原则

招聘官对问题的设计应遵循先易后难、先简单后复杂、先普通再深入的原则，以免一下子引起对方的抵触及反感，从而使调查难以继续下去。例如，涉及候选人薪资的调查确认等，招聘官可考虑放在最后提问。

（3）差异化原则

招聘官应依据岗位和级别的差异设计不同的问题，且问题的侧重点应有所不同。中高层管理岗位可以侧重于候选人的管理能力、沟通能力、决策能力、创新能力等方面的真实性识别；基层岗位则侧重于了解其执行能力、学习能力、工作主动性等方面的内容。

（4）不过量原则

招聘官需考虑到证明人未必愿意花费半小时，甚至更长时间去配合调查，因此问题的数量不宜过多，或者过于复杂。

招聘官需要意识到，不能仅仅为了完成调查而准备问题，一个好的提问逻辑会使证明人在轻松愉快的交谈氛围中，将所有背调关心的重点均表述清晰，并且也不容易产生疲劳感或厌恶感；另外，问合适的问题，能够通过旁敲侧击的方式，在对方无意识的回答中，获取有用的信息，而这些对招聘官背调问题设计的能力，有着非常高的要求。

对招聘官来说，背景调查的准备工作并不轻松，完成后还应将准备好的内容记录在一个文档里，以便在后续进行背调的时候能随时进行提醒和确认，不至于遗漏重要内容。当然，在实际情况中仍然会出现诸多变化，这就要求招聘官凭借自身专业技能及时予以调整，这样才能出色地完成背景调查的任务。

6.3　背景调查的内容与技巧

我曾经给软件销售行业的一家大型公司做过管理咨询，当时该公司刚引进了一位销售总监，此人在入职前曾作为同行客户多次到公司参观，参观完毕后表达了希望加盟的意愿。公司总经理也对其能力比较欣赏，出于过往的交情，在谈定了薪酬福利、个人职位及发展后，便让人力资源部门办理了入职手续。

办理入职后不久，有内部员工便实名举报了这位新总监，声称他在不断搜集公司的产品资料，还要求企业 OA 系统公开权限方便他查阅重要信息。后来公司人力资源部门开展了一系列调查，在调查中发现，原来那位销售总监的妻子还在他原先的企业上班，并且是负责市场开发的管理人员。

而此人之前在参加面试时一再强调个人生活状态为单身未婚，可见其入职的动机并不单纯，假如人力资源部门能在他入职前谨慎细致地做好背景调查，也就可以避免这个重要资料外泄的事件发生了。

类似以上案例都给企业管理者敲响了警钟，假如不重视背景调查的内容细节，不掌握相关专业技巧，很可能会造成难以挽回的损失。具体来讲，在做背景调查时，调查人员需要明确五方面的内容，见图 6-5。

图 6-5 背景调查的五个工作内容

1. 内容

员工背景调查的内容涵盖很多方面，一般情况下主要调查员工的工作经历真实性。针对企业管理的实际需要，调查范围可以包括身份识别、犯罪记录调查、教育背景调查、工作经历调查、数据库调查等。其中，身份识别指核实候选人身份证的真假；工作经历调查包括调查工作经历是否真实，即时间、职位、是否正常离职等信息，以及过往工作的具体表现；数据库调查指通过各种权威的信息库，来查找候选人被公开的一些负面信息。此外，招聘官还应关注候选人的职业修养，包括工作习惯、个人性格、同事间人际关系状况、是否和企业有过劳动纠纷等。

在做调查时，可以将背景调查内容的关键信息点汇总到《背景调查记录单》中，参考范例见表 6-1。

表 6-1 背景调查记录单样例

被调查人员		
调查日期		
调查单位		
调查内容	调查目的	调查结果记录
原单位真实岗位（职务）	防止岗位职务虚假	
原单位主要工作内容	工作范围是否合理	
原单位工作表现	工作能力、态度等	
离职真正原因	防止“真实的谎言”	

续表

原单位下属的评价	对这个人的真实看法	
性格特点	主要性格特征	
优点和缺点	最大优点和缺点	
为人处世	和同事相处关系	
……	……	

2. 对象

知晓了调查内容后，再选定背景调查的对象。那么哪些人需要做背景调查呢？比如，一家大型生产型企业一次性招募了 100 名生产操作工，让招聘工作者对每个生产操作工都进行背景调查并不现实，这么做费时、费力、费钱，结果还不理想。

通常来说，在时间和条件不充分的情况下，至少要对以下四类人员开展背景调查，见表 6–2。

表 6–2　需要进行背景调查的人员类型说明

序号	岗位类型	具体说明
1	与核心技术有关的岗位	例如公司的技术总监、重要研发团队等，凡是涉及技术机密的都需要背调
2	与资金安全有关的岗位	例如会计、出纳、投资等，这些候选人也许职位不高，但负责企业日常的资金操作，因此也需做好背景调查
3	中高层管理岗位	这类人员对于企业的经营管理乃至整体战略规划都有举足轻重的影响，所以大多数企业都会对中高层岗位候选人开展背景调查
4	其他有必要调查的专业岗位	在某些企业中，管理层还会要求对法务、审计、人力资源等专业性较强，并负有一定保密义务的岗位进行背景调查

3. 方式

常见的背景调查有四种方式，见图 6-6。

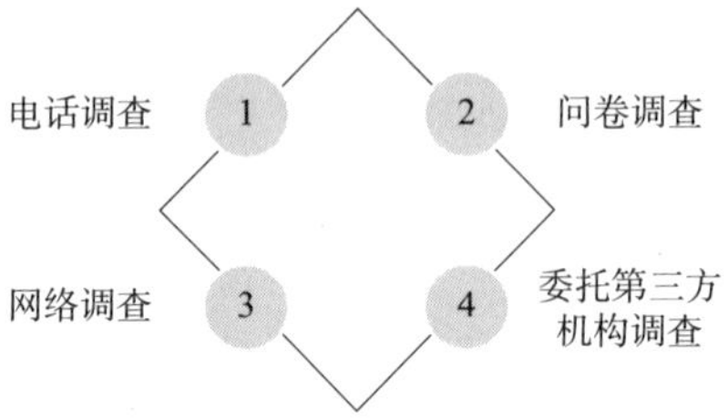

图 6-6 背景调查常见的四种方式

（1）电话调查

电话寻访的优点是快捷、便利，可以在很短的时间内掌握候选人的基本情况；缺点是受时间限制，获得的信息量较少，同时被电话咨询的那一方很可能不愿意透露被调查者的真实情况，导致调查无效。

（2）问卷调查

问卷调查的优点是信息全面、准确度高，缺点是耗费的时间较长。在实际操作中，有的证明人担心会引起不必要的纠纷，不愿意以书面形式对候选人进行评价，导致问卷得不到回复；还有的证明人只对调查表中的部分信息给予反馈，这些情况对信息的收集都存在着阻碍。

（3）网络调查

互联网时代，越来越多的招聘官会通过社交或信用中介平台来了解求职者的相关信息，作为录用决定的参考。但是该方法适用人群较为受限，因为不是每个人都会有网络记录，另外真实性也有待评估。

（4）委托第三方机构调查

企业自行开展背景调查时，往往操作起来费时费力，且由于很多员工来自竞争对手企业，招聘官不仅难以获得证明人的配合与支持，也不太方便直接进行调查。另外，企业的人力资源部由于调查手法单一、技术不专业，无法保证调查出来的结果的真实性和有效性。

因此，对于部分核心和重要岗位，许多企业会委托外部的第三方调查机构去开展员工背景调查。调查机构利用自身的数据库和专业工具，能够迅速调查清楚候选人的背景信息，并且能保证调查报告客观、可信。唯一的缺点是，委托调查公司需要花费高昂的费用，给企业带来较大的人力成本压力，因此调查对象的适用范围不是特别广。

总之，员工背景调查的方式有许多，针对不同类型人员，企业可以采取不同方式进行背景调查，但不论哪一种，都需注意保护被调查者的隐私、尊重被调查者，同时调查时尽可能听取多方意见，确保调查结果合理、客观和有效。

4. 时机

背景调查的时机，可以根据企业实际情况安排在不同阶段，通常在入职前和试用期进行。

（1）入职前调查

少数企业在员工完成应聘登记表后、正式面试前进行调查，如此可以避免不合适的应聘者进入后续的面试，节约时间并提高面试效率。更多企业是在面试结束、正式上岗前进行调查，此前面试淘汰的人选已不需要调查，缩小了被调查者的范围。该阶段调查的优点是一旦发现候选人弄虚作假，企业可以灵活处理，录用与否的主动权在企业手里，几乎没有任何风险；缺点是时间紧、调查的信息可能不全面，同时候选人在等待过程中有流失的可能性。

（2）试用期调查

新人的试用期一般是 1~6 个月，时间充裕，有利于调查信息的收集和核对，同时调查的信息也可以作为是否辞退或录用的有效证据。该阶段调查的优点是可以尽快吸引优秀人才加盟，缺点就是试用期辞退员工必须证据充分，不然有可能要承担法律风险，同时试错成本也是企业的一种损失，如果给企业造成经济损失则更加得不偿失。

5. 程序

一次高质量的背景调查，需要有标准化的程序，具体可分为以下三个阶段，见图 6–7。

图 6–7　背景调查的三个阶段

（1）准备阶段

该阶段具体内容已在本章 6.2 节有过阐述。需要注意的是，在信息获取时，应设计专用的信息收集流程和模板，尽量全面收集应聘候选人的信息，以保证背景调查的可实施。

（2）实施阶段

招聘官可从相关机构查询应聘候选人的身份证、学历证书、专业资质的真伪。该调查是对应聘候选人诚信度最关键的考量。一些企业有从某几家学校招聘应届毕业生的习惯，那么招聘官就需要与学校的学籍管理处建立良好的关系，方便后期的背景调查操作。

招聘官要了解应聘候选人工作履历的真伪，不可仅向一位证明人了解情况，应进行更多的采样。假如时间充裕，可以多征询应聘候选人过往的具体工作表现，如团队融洽度、抗压能力、工作责任心等。尤其是核心岗位，对于其工作履历至少需要采集 3 个样本点进行全面核查，如此才能确保其工作履历信息的客观性和真实性。

实施阶段最重要的部分便是访谈，以电话访谈为例，其基本流程见图 6–8。

自我介绍，说明来电意图，强调电话内容是保密的

↓

告知对方可能被问到的问题，确认此时谈话是否方便

↓

具体询问调查内容

↓

请对方介绍另外一些证明人

↓

感谢对方支持，并说明如对方有同样需求，本企业将尽力配合

图 6–8　电话访谈流程

（3）提交阶段

招聘官在应聘候选人的背景调查报告中应翔实记录调查过程中了解到的相关信息，尤其是候选人工作表现的部分，应如实反馈给用人部门。每家企业对于员工的任用等都有自身的标准和底线，企业人力资源部门应重点关注这些标准和底线，一旦在背景调查中发现候选人存在类似的“污点”，在人员录用时可以立刻行使一票否决权。

值得注意的是，招聘官在背景调查中如遇到不一致的信息，不应轻易下结论，要谨慎使用调查结果。毕竟背景调查不是万能的，需要结合多种甄别手段、多维度验证，方能为企业选拔真正的人才。

6.4 背景调查审视过去，更预测未来

在前三节，我们已经介绍了背景调查的每一个方面，但是有一个问题却始终没有被回答：背景调查究竟是在调查什么？

在回答这个问题之前，先分享一个真实的案例。

我们公司曾招聘进来一个软件工程师，他原本是在乙方工作，外包到我们公司。在和团队一起工作期间，他表现突出，深得团队项目经理喜欢。

后来他与乙方的合同到期了，于是主动找到项目经理，表达了希望进入我们公司的想法。项目经理自然非常乐意，原本就有挖他过来的想法，奈何在与三方公司签订的协议里有规定，不允许挖角他们员工，于是这一想法也就搁置了，现在机会来了，怎么可能不抓住呢。

简单的面试流程之后，顺利给他办理了入职。三个月的试用期，前两个月表现都特别好，第三个月毫无征兆地发生了一件事，导致公司提前终止了与他的劳动合同。一天一个陌生电话打到了公司前台，声称是某借贷公司，之所以打电话过来，是因为他在这家公司借过一笔款一直未还，借贷公司打他手机不接，就只能打他留的单位座机了。

这一情况被人力资源部门获知，与他核实但被直接否认。鉴于他的过往表现，人力资源部相信了他，但借贷公司的电话却越来越频繁。无奈之下，他的部门领导会同人力资源部门再三与他沟通，限期三天，表

示不论他究竟有没有借贷，自己的事要自己处理好，不能影响了公司正常工作的开展。结果三天还没到，他就提出了离职。这一举动直接证明了他确实借贷了，并且还无法还上这笔钱。公司也没多说什么，迅速办理了离职手续。

后来与他的前单位沟通，发现他在之前公司也发生过类似的事情，不过当初应该是他自己解决了，事情也就没有发展到不可控的地步。如果公司在录用他之前，开展了背景调查，这一情况或许就能够及早杜绝，也是因为这件事，公司开始重视起背景调查，只要是中高端岗位、核心岗位，一律开展背景调查。

案例分享完了，现在回到我们开篇的问题，背景调查究竟调查什么？调查的并不是一个候选人是否能够招进公司，而是候选人在将来可能会发生哪些事情。

面试只是一个节点，真正的过程都在入职后的那段在职期间。如果在工作上，员工发生了一些不好的事情，给公司带来了负面的影响，这种破坏与成本损耗是公司极不愿意面对的。公司宁愿要一个“小白兔”型的员工，也不想要一个“野狗”型的员工，这在第 1 章就已经介绍过，而这些背景调查不通过的员工，甚至连“野狗”型员工都算不上，他们对企业的价值贡献少之又少。

在招聘官的面试方法中，有一种叫作“情景模拟法”，旨在通过情景的模拟与还原，预测求职者将来碰到某类事情会如何处理，但是比起该方法，直接调查求职者曾经发生过的真实案例，更能准确预测他的将来。

从这层意义来说，在做背景调查时，没有发现问题并不一定就代表求职者真的没有问题，说不定他的某些做事风格、生活作风就会导致在将来某个点，因为某个问题的发生而产生更严重的后果。因此，对调查内容的定位和落脚点，不应该仅仅停留在“没有问题就可以入职”的层面上，而应该是延伸至未来，通过过去的行为来判断未来的他是否足以应对可能发生的问题。能做到这一点，背景调查的意义也就凸显出来了。

一个人的具体行为是很难预测的，但在一段时间内，他的行为模式较大可能是一致的，这也就给过去行为预测未来行为提供了依据。因此，企业在做背景调查时，需明确以下两件事情，见图 6-9。

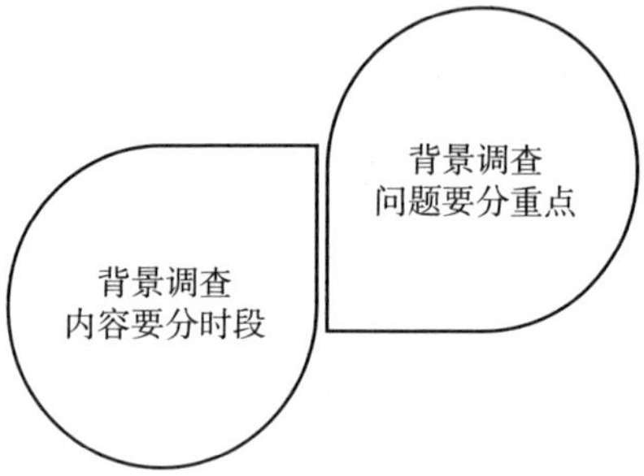

图 6-9　背景调查时需要明确的两件事

1. 背景调查内容要分时段

对企业而言，求职者太过于老旧的信息价值并不大，越靠近现在的价值越高，这也就要求企业对求职者过去的调查要以某个固定时间为间隔做区分。这种区分的作用有两个：第一，对不同阶段的行为表现做区分，不要让过去的评价太过于影响现在的评价；第二，发现行为模式改变的规律，比如朝着什么方向改变、改变周期一般为多长。

2. 背景调查问题要分重点

背景调查要能够发现求职者现在是怎样的，同时要能通过一些问题答案的收集，预测求职者将来又会是怎样。只有现在符合公司定位，也能够符合长远发展的求职者，才是企业最应该考虑的。当然这也得分情况，对于一些重要但非核心的岗位，简单判断求职者现在是否符合已足够，毕竟公司也不能指望他们会长期在这个岗位工作下去，只要在可预见的时间段内，能够满足企业要求就可以了。如果员工比预想的工作时间更长，通过内部的培训，也足以进一步培养员工的能力和价值观。

回顾本章，我们最应该注意的是，不能把背景调查当作一件孤立的事情来看待，而应将它作为面试的一种有效补充。招聘官只有在背景调查中把被调查者的每件事情串联起来，招聘工作才能形成一个整体，才能运转得更加流畅。

第7章

内部选拔：不拘一格，任人唯贤

7.1 内部调动选拔，对员工唯才是举

当企业在讨论招聘的时候，目光往往放在了外部，甚至有人还偏执地认为，只要是企业有岗位空缺，那就一定要外招。在这类企业招聘人员看来，外招才能“有活水来”，基本上也就不会考虑内部员工的调动补充。而这种用人观念基于以下三个认知误区：

首先，他们认为内部员工本就空缺，用现有人员去满足空缺岗位，也一样要招聘新人进来填补员工调动的空缺。其次，如果员工确实满足空缺岗位要求，应该早就被发现了，不会等到已经空缺了，才在内部去寻找。最后，内部员工的调动补充，会让原本一个岗位的不稳定变成两个岗位都不稳定，这样会降低效率。

这些理由看似合理，却完全站不住脚。企业之所以需要重视内部的调动与选拔，是因为它能够给员工带来希望，让员工不至于因为长期待在一个岗位上，导致工作技能的单一化，甚至是职业生涯发展的停滞。

另外，需要内部竞聘的岗位，往往比较重要，若是一个处在较基础岗位上的员工通过此种方式竞聘上岗，企业不仅提供了员工成长机会，更是降低了招聘的难度，此时企业只需要招聘一个较基础岗位的人员罢了。

由此来看，内部招聘与外部招聘同样重要。企业需要人才，就要做到唯才是举，而不论他究竟来自外部还是内部。外部人才纵然合适，但若内部有人才更好，毕竟外招一个人才的成本较高，而且企业文化的认同、价值观的融合也需要时间，内部招聘显然并不存在此种问题。

为了内部人才的选拔，企业需要做好以下几方面的准备工作，见图 7-1。

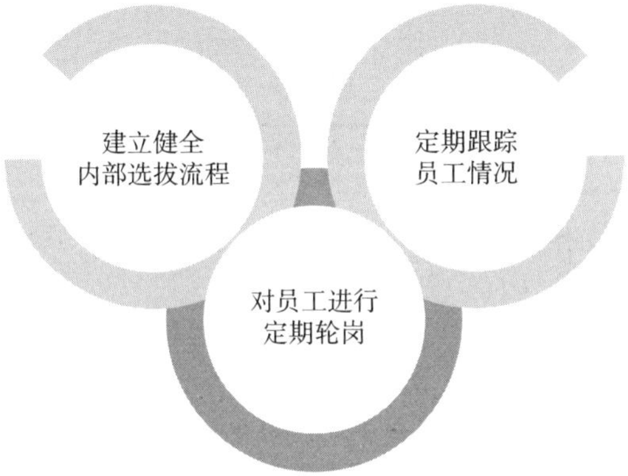

图 7-1　内部选拔的准备工作

1. 建立健全内部选拔流程

同外部招聘一样，企业内部招聘也应有一个规范的流程，流程清晰才能按规矩办事。在流程的具体设计上，和外部招聘并无本质的区别，无非是对内招聘时，除了介绍岗位情况外，还可以单独附上一个申请表，这份表单等同于外部招聘的面试登记表及简历，方便面试官筛选。

等到面试通过，在完成原部门工作交接之后，即可调动至新的部门，由新部门跟踪其工作表现至跟踪期结束，如其表现合格，即可正式成为该部门员工；若表现不合格，可退回原部门。具体流程见图 7–2。

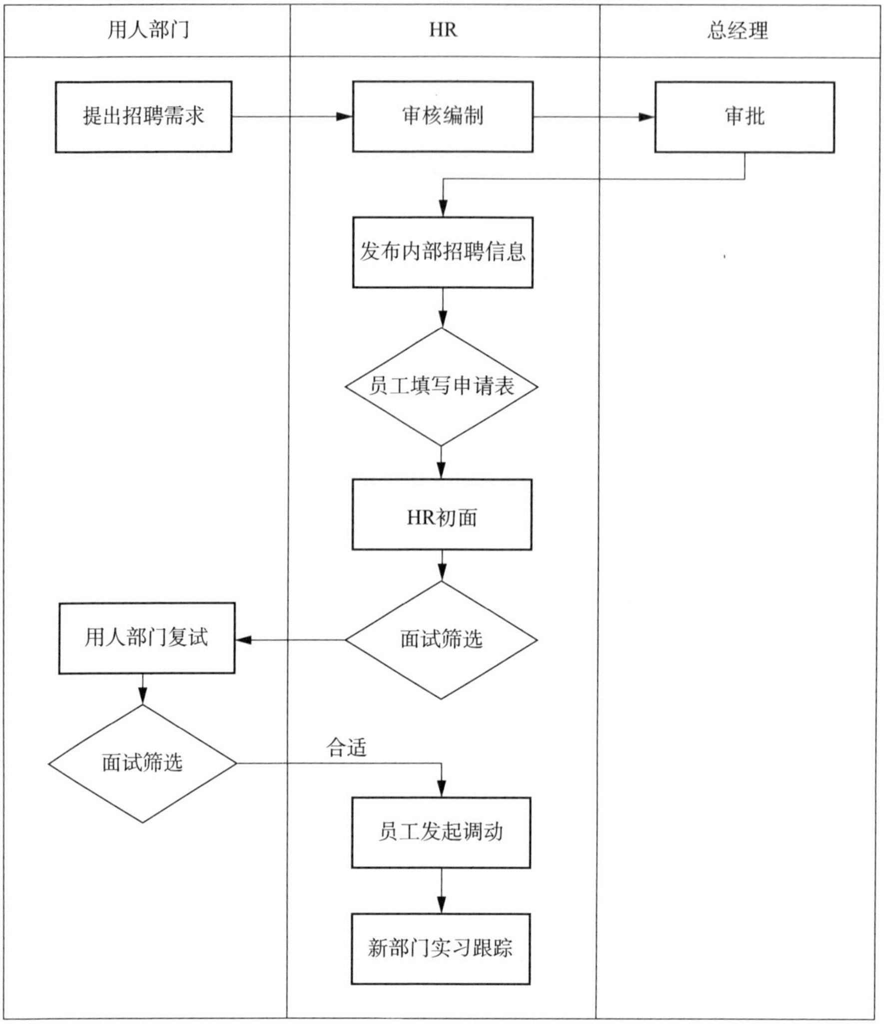

图 7–2　内部选拔流程

2. 定期跟踪员工情况

人力资源工作开展较为深入的企业，一般都有员工能力地图的绘制，此项工作较为复杂，往往都是借助人力资源管理系统完成的，如果企业考虑内部招聘，那完全可以借助该项工作对员工进行跟踪。

员工能力地图可以由人力资源管理系统根据员工各项考评数据自动生成，并不需要管理者特别注意，等到需要用到时，直接调取即可。如果企业并没有该项系统的辅助，可以有针对性地对个别特殊员工进行跟踪。

如前所述，对于重点岗位的空缺，更建议用内部员工来补充，这些潜在的补充对象自然是能力较为突出、能够快速适应新岗位的员工。仅对他们进行跟踪，显然能够直接抓住问题的根本。

3. 对员工进行定期轮岗

不是内部员工能力不行，没办法适应新的岗位，而是企业或许根本就没给他们适应新岗位的机会。即便不考虑内部空缺岗位的补充，从员工发展角度来说，企业也应该进行工作的轮岗，让员工工作扩大化，这样才能拓宽员工的职业发展途径。

每个人的职业发展路径并不是一成不变的，随着个人阅历、性格、经验、能力等因素的改变，职业也会呈现多态势的发展。企业在给员工更多机会的同时，也是在盘活内部的人力资本，尽量让内部员工发挥出最大的效能，可谓是一举多得。

企业在做这些工作的时候，不能只想着成本的支出，有效的成本支出是为了换来更大的利润。对企业来说，只要是人才，就应该人尽其用，唯才是举，这是企业用人的最基本原则。

汉代刘邦初起反秦之时，郦生贫困潦倒，但很有战国策士之遗风。他听说刘邦喜结豪杰，便主动前去应见。

当他去刘邦的驿馆拜见时，见刘邦正傲慢地坐在床头洗脚，对郦生视而不见。郦生骂道："足下既想一举推翻秦朝，为啥这样坐着接见长者呢？足下用如此傲慢的态度接见我，以后还有谁愿意为你献计献策呢？”

刘邦听后，整衣而起，热情地接待郦生。于是郦生滔滔不绝地从六国的成败谈到当今灭秦的计策。刘邦听了很是佩服，立即下令款待郦生，共商伐秦大计。

刘邦采纳郦生的计谋后，一举拿下陈留要地。郦生为报答刘邦知遇之恩，还把自己有勇有谋的弟弟引荐给刘邦。日后，郦生之弟郦商也为平定天下立下了汗马功劳。

郦生兄弟的事例证明了唯才是举古来有之。好的企业在用人时，大多遵循唯才是举、人尽其才、才尽其用的原则，充分调动每个成员的积极性，尽量促使他们在不同的岗位上发挥自身的才能。

可惜的是，有的企业却不是这样，在那些管理者眼里，人人有其短，人人不可信不可用，于是不注重内部提拔，只关注外部招聘，不关注员工流失率，只去看招聘完成率。如此顾此失彼的做法，往往让一个企业没有一批稳定成熟的员工，来来去去全是新人，企业想要有更长远的发展，也就遥遥无期了。

华为的“天才少年”招聘计划，给到的顶尖博士生年薪最高达200多万元，这些人才的招聘是一回事，但能不能留住并发挥作用又是另外一回事。任正非曾在一份内部邮件中对华为近5年博士类员工高离职率进行了反思：

邮件数据显示，华为博士近5年累计平均离职率为21.8%，其中2014年特招博士离职率更是达到33%~42%。那为什么华为的博士离职率如此之高呢？

经查，82名受访的离职博士中，有56人表示离职实属无奈，英雄无用武之地，在华为岗位与个人技能不匹配，主管技术能力弱导致自身发挥受限，自身特有优势无法发挥。

为此任正非向曾经的一名员工发文道歉，呼唤其回归公司，并提供合适的岗位，这篇文章也被印发成文件分发至全体员工。

任正非的这一做法，正是企业“唯才是举”的最佳典范。这也说明了，有些时候不是企业内部没有人才，而是企业没有发现他们，并没把他们当一回事。正是这种无所谓的态度，伤了内部员工的心，造成了企业不必要的人才流失。

李斯在《谏逐客书》中曾写道：“泰山不让土壤，故能成其大；河海不择细流，故能就其深。”这段话形象地说明了，管理者要想选拔到好人才，就必须具有兼收并蓄的思想，而内部人才这一巨大的人才池，显然是企业不应该忽略的。管理者只有在选拔人才时摒弃偏见，打破人才观念上的条条框框，对内部员工也做到唯才是举，才能将一切有用之才用到极致。

7.2 员工轮岗，也是一种内部选拔

对于大部分企业而言，员工大量离职和重要骨干流失绝对是致命性的重创。世界500强宝洁公司也曾出现过员工“群体离职”的情况，但却能在半年内迅速得到改善，在一年半时间就基本恢复正常。它能有如此强大的生命力，专业人士分析认为，很大程度上归功于宝洁内部的“轮岗制”。

宝洁的“轮岗制”是指员工在工作足够年限（一般要求两年）后改变工作岗位，到不同部门、不同区域（国内或跨国）继续工作。

公司的“轮岗制”能够让员工清楚不同岗位的工作内容和工作要求，在做好本职工作的同时，为达到跨岗位发展做好准备。于是当某些岗位出现空缺时，内部已有所准备的员工就是最佳的替补者。

从宝洁成功推行的“轮岗制”中，我们不难看出，企业“轮岗制”不仅有利于应对岗位空缺的冲击，而且可以将其视同一种特殊的内部选拔机制，起到维系员工稳定的作用，同时也是保证公司企业文化纯洁的有效办法。

企业内部员工的流动不外乎纵向和横向两种方式。纵向流动一般是指新员工安置、晋升、降级、辞职和退休，企业通常针对其有专门的规章制度，较易进行；横向流动包括员工的平行调动和员工轮岗。

目前，企业普遍采用的是平行调动，这是一种传统且被动的人事管理流动形式。一方面真正由于企业工作需要而调动的情况较少；另一方面如果员工对自己的岗位不满意，想调换一个更适合自己的岗位工作也并非易事。因此在当今“以人为本”的用人理念指导下，不少企业均已放弃了平行调动的流动方式，而采用员工轮岗的形式。

员工轮岗，是企业内部有计划地按照大体确定的期限和范围，平行调整员工的岗位，轮换不同工作的做法。它将平行调动与企业实际需要相结合，也是一种主动的、有目的和有针对性的人力资源配置。它应用在企业内部人才选拔方面的重要意义主要有以下三点，见图 7–3。

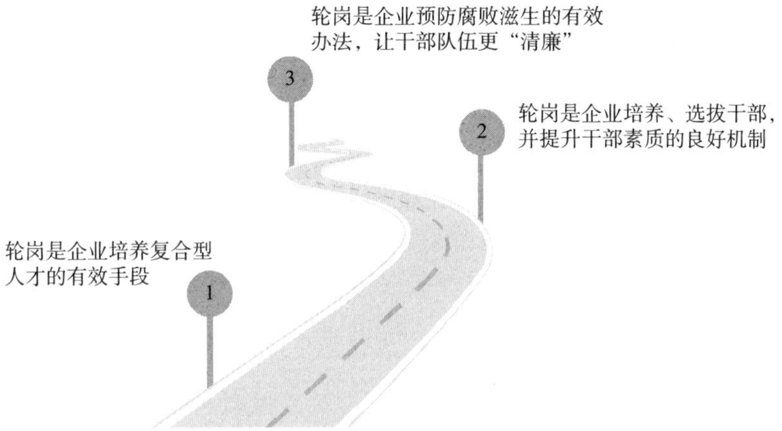

图 7–3　员工轮岗的三个意义

1. 轮岗是企业培养复合型人才的有效手段

企业为了适应日趋复杂的经营环境，都设法建立灵活反应式的弹性组织结构，这就要求员工具有较好的适应能力。

当组织中临时出现岗位空缺，企业经营方向或业务内容发生转变时，能迅速实施人力资源转移。因此，企业对员工的要求，不能只满足于掌握单项专长，必须是复合型、多面手。管理者要有意识地安排员工轮换，做不同的工作，以便让员工在新岗位尽快地学到新知识、新技能，提高处理新问题的工作能力。就这一层面而言，开展轮岗工作相当于为企业储备了未来所需要的人才。

2. 轮岗是企业培养、选拔干部，并提升干部素质的良好机制

作为一名管理干部，应当具备全局性问题的分析判断能力、统揽全局的宏观能力等。培养这些能力，显然只在某一部门内做自下而上的纵向晋升是远远不够的。

通过岗位轮换，让员工在不同部门间横向移动，在不同岗位经历磨炼，开阔眼界，能让他们更多地了解企业内其他部门的工作，更深刻地理解和领会企业的核心价值观，从而培养他们的综合管理能力。

3. 轮岗是企业预防腐败滋生的有效办法，让干部队伍更“清廉”

一名员工常在一个地方或一个岗位工作，不可避免地会沾染一些不良习气或滋生腐败，比如上下级之间形成庸俗的依附关系，以及错综复杂的人际关系。更有甚者，会出现“办公室政治”或“窝里斗”现象，给工作带来不良的影响，进而给企业带来不应有的损失。

从实践来看，一名后备干部轮换到新的工作岗位，会自觉绷紧自誉、自省、自重的神经，检点言行，树立形象，从而促进良好职业操守的形成与巩固。

从以上分析可以看出，实施员工轮岗，对人才的内部选拔有非常显著的作用。为了更好地发挥内部轮岗的作用，企业在实际推行岗位轮换的过程中还应坚持以下五个原则，见图 7-4。

图 7–4　员工轮岗的五个原则

1. 因岗制宜

因岗制宜就是针对岗位的工作内容、专业特点、岗位性质、岗位职责等情况确定适宜轮换的岗位、安排什么样的人。这就要求企业管理者在安排岗位轮换时，首先要确定好哪些岗位适宜轮换，哪些岗位不适宜轮换，不能眉毛胡子一把抓；其次应根据所轮换岗位的性质确定上岗条件和资格，确定什么样的人适合上岗；最后还需注意不同岗位间的关联性，有关联的岗位才可轮换。

2. 量才适用

量才适用就是针对员工的技能素质、专业特长、气质特点等情况，将员工安排到适合的岗位上，这是岗位轮换的关键。这要求管理层在安排岗位轮换时，需注重发挥员工的长处，而不是克服其短处。将一位能力不足的员工，安排在一个其不能胜任的岗位上，那是强人所难；把一个能力很强的员工，安排在一个平凡的岗位上，则是对人力资源的浪费。

3. 自主自愿与组织需要结合

企业组织中，各部门所负担的工作职责有所不同，对员工素质要求也不一样。在岗位轮换时，既要考虑到企业各部门工作的实际需要，也要考虑员工的意愿，只有这样，才能充分发挥岗位轮换员工的才能，保持各部门之间的人才相对平衡，推动组织效能的提升。

4. 合理时间与合理范围

岗位轮换时间是指，员工在一个岗位由适应、学习到熟练，再到能独立做出贡献的时间周期。把握好合理时间，必须确保员工在一个岗位上工作至少达到贡献期后，才有资格获得岗位轮换的机会。而把握好合理范围，就是要求企业在实施过程中，每年按合理比例安排员工进行轮换。

5. 易岗易薪

由于员工一般都愿意到薪酬较高的地区、部门和岗位工作，因此利用薪酬差距可以调整人力资源的流向。易岗易薪，就是员工随着岗位变化使薪酬发生变化。

岗位轮换必然相应引起岗位工资变动，薪酬的变化牵动着组织上上下下每个人的神经，其敏感、微妙的关系遍布其中，弄不好会极大地挫伤轮岗员工的积极性，甚至会导致骨干员工的流失，因此处理好二者的关系至关重要。

企业内部的员工轮岗建立在系统有序的基础之上，正确的岗位轮换程序对轮岗的执行效果起着至关重要的作用。在把握原则的基础上，根据管理实践的经验，对员工进行岗位轮换应按以下程序进行：

第一步：在开始阶段，各部门应对需要轮换的员工本人及其工作情况、岗位情况，有一个具体的了解和分析，确定本次或本年可以轮换的岗位，提出每个岗位的上岗条件，报人力资源部门审核和备案，并予以公布。

第二步：员工根据公布的岗位，自愿提出岗位轮换书面申请，或填写岗位轮换申请表，交所在部门主管和人力资源部门审批。对无人申请，但企业又需要进行轮换的岗位，需由本部门或人力资源部门物色人选，并与候选人进行良好的沟通，争取候选人同意。对于不愿意轮换岗位的员工不要勉强，可另选他人，也可暂不轮换。

第三步：审批过后，由人力资源部门对申请者进行岗位适应性的面谈和了解，初步确定申请者是否适合轮换，是否适合新的岗位要求，并充分了解员工的基本情况和想法。

第四步：人力资源部门初步确定申请轮岗的员工适合新的岗位要求后，与调入部门主管进行协调，就申请者的基本情况进行介绍，达到协商一致。

第五步：协商一致后，由调入部门主管与轮岗者就岗位职责和工作目标进行沟通。

第六步：岗位轮换者在要求的期限内进行工作交接。

第七步：工作移交完成后，人力资源部门发出调动通知，轮岗者到新部门正式报到。

第八步：员工报到后，在上岗前应做好必要的培训，让员工对新岗位的规章制度、工作内容、工作性质和要求、基本操作程序和规范等都有初步的了解，使其能很快适应新的工作岗位。

上面描述的是一般性的员工轮岗程序，根据企业的具体情况，需要在做的同时不断查漏补缺，争取把员工轮岗做成一件员工内心都认可的事情。因为虽然轮岗对企业来说益处很多，但员工很大程度上并不愿意轮岗，其间极易产生劳动纠纷。想要做好，为公司的发展添砖加瓦，就需要把工作做细致、做完美。

另外，还需要注意的一点是，员工内部轮岗可能会导致工作流程效率的暂时降低，但从长期看却百利而无一害。推行轮岗制的出发点是企业内部人才的选拔、培养与开发，关系到企业的长远利益，所以对岗位轮换中产生的问题，管理者应采取积极态度予以解决，通过完善机制以满足岗位轮换的需要。

7.3 后浪推前浪，大胆任用年轻员工

2016 年 12 月，百度以 1 亿元人民币全资收购北京受教信息科技有限公司，公司创始人李靖携团队加盟百度，任百度公司副总裁。

1 亿元级别的收购，对于百度来说不算是什么大事，但李靖作为 1991 年出生的标准 90 后，直接被任命为副总裁，一时之间掀起了讨论热潮，遭到各种议论。大家讨论的焦点无外乎李靖太小、太年轻，难以胜任副总裁一职，而且他是学院派出身，并不具备营销实战经验等。

可讨论再热烈，李靖依然以副总裁的身份出现在了百度。

如果说百度在这之前，任命 29 岁的年轻副总裁是偶然，那么又任命一个 90 后做副总裁，就与百度的用人观有着分不开的关系了。至少在百度身上，企业管理者的用人理念可以新增一条：大胆任用年轻人。

在 90 后已经冲击了整个社会体系的今天，他们成为主力军已经不足为奇了，90 后的独特个性和人格魅力，势必成为企业内部选拔的一个关键点。

2020 年五四青年节当天，在线流媒体平台 bilibili，邀请国家一级演员何冰，开展了一场名为《后浪》的演讲，一时间火遍全网。

这篇《后浪》，讲的就是 90 后、95 后这一批逐渐成长为社会中坚力量的年轻人。这一演讲告诉所有年轻人，这是一个最好的时代，一个你只要肯努力拼搏就能活出自我的时代。而现在的年轻人都极具个性，他们也坚信自己能有一番作为。

在移动互联网时代，90 后至 00 后正在成为中国互联网的主流用户群，仅 95 后在微信的使用占比就已经超过 14%。作为互联网公司巨头之一，百度希望用年轻人来服务年轻化用户，用年轻人来管理公司，这一出发点丝毫没有问题。

百度的员工平均年龄只有 26 岁，在百度停止社招之后，依然对校园招聘敞开怀抱，进一步让员工年轻化。而让 90 后的李靖担任副总裁，也正是其“年轻人人才观”的具体表现，也就是一定要给年轻人更多的机会，吸引更多优秀的年轻人。

可反观很多企业，在提拔员工时，都特别喜欢任命企业内部的年长者。原因不外乎两个：一是年长者的经验和阅历比年轻人丰富，具有很广的人脉；二是年长者工作时间长，比新员工熟悉工作流程，对于公司感情比年轻员工深。

这两点其实算不上年长者的独特优势，因为一个优秀的年轻人，一样可以具备。反而很多年长者得到晋升后，就开始学着保全自己，做事情变得谨小慎微，生怕得罪人而影响自己的地位。这也导致年长者工作起来缺少年轻人的那股热情，做事冲劲不足。而这恰好也是企业管理者内部提拔不希望看到的局面，管理者本想通过提拔刺激他们发挥更大的价值，可是却适得其反。

或许在这个时候，企业管理者更应该考虑 90 后员工。我们不否定年长者在一个团队中做出的贡献和其个人优势，但管理者如果把资历和年龄作为提拔员工的主要标准，只任命年长者做领导，会让年轻员工觉得升职无望，未来希望渺茫，自己空有一身本事而无处发挥，久而久之他们便会产生倦怠感。一旦让年轻人失去最开始入职时的激情，就会导致很多有才能的年轻员工难以释放自己的工作热情，不能尽力为团队服务，这对于企业来说就是极大的损失。因此，管理者要学会培养年轻员工，要知道“初生牛犊不怕虎”，这群“后浪”可能会给企业发展带来意想不到的结果。

“后浪”对潮流能够以最快的速度适应，他们喜欢新鲜事物，总能把生活中的乐趣融入工作，以期得到更大的满足，并且容易得到社会的认可。

“后浪”也有敢于拼搏的精神，他们做工作都是从零做起，在没有任何业绩的情况下更加急于展现自己，因此他们会投入更大的热情去工作。在这股热情的带动下，绩效也就指日可待。选拔90后新人，让他们尝试更多富有挑战性的工作，不仅可以磨炼他们的心智，激发他们的潜力，也可以为公司培养后续人才。

1996年，华为公司员工发展到3100多人，全公司员工的平均年龄才26岁，却已经有60%取得了硕士、博士或高级工程师的学位和头衔，许多人已经掌握先进技术并从事电信研究工作达5年以上。

正是这些高素质、高学历的青年男女，在积极地推动着华为的快速发展，随着公司员工年轻化趋势越来越明显，公司人才也越来越年轻化。

任正非曾说：“华为最大的优势和劣势都是年轻，因为年轻，充满生命活力；因为年轻，幼稚病多，缺乏职业化管理。”

虽然年轻有优势也有劣势，但只要对年轻队伍正确地培养、引导和管理，就会涌现出一批有才干的年轻人。

在华为，不但有工作7天就被提升为工程师的新人，还有19岁的高级工程师。即使那些较大的科研项目，华为也敢于放心大胆地任用年轻人挂帅。曾经有个年仅25岁的大学毕业生，领导500多人的中央研究部的事例。

对于这件事，任正非的态度是：年龄小压不垮，有了毛病，找来提醒一下就改了。正是这种不受传统观念束缚、不论资排辈、不拘一格、放开手脚大胆任用的用人理念，使得华为内部形成了奋勇向前、极具活力的氛围，给每一个员工都提供了很大的发展空间和成长机会。

任正非曾在《上海研讨会致谢词》中对年轻人进行了鼓励：年轻缺少经验和全局的规划能力，但年轻是我们今后发展的巨大优势，未来的 10 年便是发挥这个潜在实力的舞台。只要我们能坚持虚心地学习，我们就能在年轻的平台上，不断进步，产品也能不断发展、延伸。

在企业管理中，很多企业家认为年轻人做事浮躁、过于急功近利，于是把年龄作为起用人才的一项重要标准，以此来降低用人风险。而事实上，年轻人也有很多长者不具备的优点和特长：他们年轻有朝气、想法新奇独特、接受新鲜事物能力强，他们敢打敢拼，也不受很多条条框框的约束，因此很有可能干出一番大事业。

美国一家研究机构曾经对职场中的青年员工和中年员工，促成事情成功的一些因素做了一项调查：在对新生事物的接受能力和创新能力上，年轻员工要明显优于年龄大的员工，他们更加富有创造性，对于时代的发展更加敏感，虽然可能会因为经验的不足犯一些错误，但仍然是企业创新、紧跟时代不可缺少的重要力量。

以上种种无疑都表明，企业不仅要关注内部员工的成长与任用，更要关注其中的 90 后年轻人。没有谁天生就适合当将军，也没有谁天生就不适合，只要管理者肯给他们机会，年轻人就能将这份信任转化为实际的成果。

7.4 内外选拔，灵活运用，高效选人

在前面的内容中，我们讲到了选人的一些基本原则，讲到了外部招聘的各个工作环节，比如渠道建设、简历筛选、面试技巧、背景调查，也讲到了内部选拔的一些技巧和程序，其实无论哪一种，总的来说就两个字：选拔。

外部选拔也好，内部选拔也罢，企业最终的目的，都是通过运用各种手段与方式，寻找到符合空缺岗位要求的合适人员，符合也并不单单指当前符合，还包括将来符合。因此从这个意义来说，只要能达成这一目的，在合法合规的前提下，任何能够运用到招聘里的方式方法，都值得招聘工作者去尝试。

因此在本节，我想讲一些之前未涉及的内容，更多的是意识层面的思考。在开始之前，先分享一个案例。

我曾经咨询过的一家公司因为业务拓展，急需在一个月内招聘到近百名司机，并且希望这批司机的技能有保证，毕竟公司做的是运输行业，如果司机有问题，发生意外的话，公司损失会非常之大。

对于这样的招聘需求，不同招聘工作者会运用不同的方式与方法，但想要在短期内达到数量和质量的双要求，却并不是一件容易的事。

而当时企业的做法是，将一名退伍司机通过内部轮岗的方式，调到了人力资源部门开展招聘工作。之所以这样做，是希望借助这名退伍司

机联系上他的战友圈子，直接从这个圈子里大批量且快速地招人，包括已退役和即将退役人员。最后，人力资源部不仅在规定期限内达到了招聘要求，同时还与部队建立了联系，方便他们源源不断地从退伍军人队伍里获取高质量司机。而那位被临时调到人力资源部门的员工，也因为熟悉了整个招聘流程选择留了下来，不仅负责日常招聘，还负责与部队的关系维护。

这一做法存在客观条件，但不可否认的是，并不是每一个企业招聘者都能快速想到并充分利用资源。很多时候是企业具备某些资源，但招聘人员由于能力的局限，而将资源白白浪费掉了。

如果你的企业遇到了类似的问题，且企业资源里确实有可利用的中间资源，那是否一定会被你所用，或者你是否能够充分挖掘现有资源线索，想尽一切办法从内部找到突破口呢？这个内部选拔调动与外部渠道扩展的经典案例，足以给到招聘工作者一些启发。

因此，在知晓了内外部招聘的一些注意事项和流程后，有些事情还需要招聘工作者和企业管理者进一步去思考，见图 7–5。

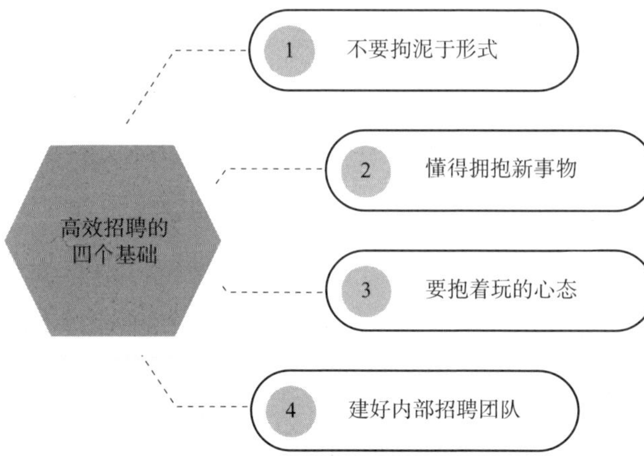

图 7–5　高效招聘的四个基础

1. 不要拘泥于形式

任何形式都是为目标服务的，企业如果招聘不来合适的人，或者招聘到的人发挥不了该有的作用，招聘形式再完美，数据表现再亮眼，也依然是无用功。

并不是某一个岗位用了外部招聘就不能再用内部招聘，也不是用了一种面试方法觉得好就不再考虑其他，方法多种多样，不多做尝试就无法比较出孰优孰劣。

即便看起来存在不足的方法，也一定有其可取之处，而能否充分加以利用，则完全要看招聘工作者的内功。所谓“无剑胜有剑”，只有做到“无形化有形、有形变无形”的程度，才不会被条条框框所限制。

2. 懂得拥抱新事物

有些企业的招聘工作者偏爱传统的招聘方式，对新生事物不是很感兴趣，这看似没有什么问题，但却已经暴露了招聘的“老龄化”心态。

随着招聘对象的年轻化，如果作为招聘方的企业，反而与时代脱节，又如何走进年轻人的心里，让他们对公司有所偏爱呢？

这也是为何现今一切都在讲运营。运营是一种动态的互动，它不是单纯守株待兔，而是主动出击，在展示自我的同时，获得潜在求职者的关注，让对方内心产生一种向往，一旦有合适的机会，求职者便会主动找上门来，而这恰恰就是招聘运营希望达到的效果。

比如，在众多招聘求职软件中，异军突起的BOSS直聘，它打出的口号就是“找工作要跟老板谈”，这一标语正中求职者下怀。因为比起一线招聘人员繁复的规则，直接向老板展示自己更快捷，只要老板觉得可用，就可以直接获得工作机会。这也避免了一线招聘人员担心求职者能力太强，抢了自己饭碗进而拒绝求职者的可能。

另外，BOSS 直聘为求职者和企业双方沟通提供了很大的便利，很多问题在线上就已经可以沟通清楚，省去了特意跑去企业当面沟通的麻烦，毕竟现在很多求职者都是“骑驴找马”，请假去面试并不是一件多么好的事情。可以说 BOSS 直聘的成功，就是因为它抓住了现在求职者找工作的痛点。

抖音的出现，也让很多现象发生了改变。

我见过很多企业在用心地运营它们的抖音号，不仅是为了宣传企业产品，更是通过风趣、幽默、活泼的企业文化形象，吸引了不少求职者，他们往往会留言说“你们公司还招人吗，工资高低无所谓，主要是想去你们公司上班”。虽然这其中不乏调侃之意，但换作其他任何一个招聘渠道，招聘工作者会听到类似的声音吗？

3. 要抱着玩的心态

玩的心态不是让招聘工作者对工作不认真负责，而是要知道如何迎合年青一代求职者。刚刚提到的抖音已经算一例。

随着校园招聘重要性的提升，越来越多的企业走进学校，希望挑选到适合企业的优秀毕业生，可在具体呈现方式上却千差万别，大型企业明显要比小企业会玩，它们通过各种方式让学生沉浸其中，在挑选学生的同时，就已经让学生爱上了企业。

反观某些思想固化的企业，依然以企业为中心，过多宣传企业的荣誉、证书等，可学生早已对这些不感兴趣，他们更关注自己可以学到什么、获得什么，而非“我们企业如何之好，你不来就是你的损失”。好不好不是企业说了算，而是学生自己说了算。

4. 建好内部招聘团队

近年来，招聘工作越来越难做，想要直接从市场上招聘到合适的人才更是难上加难，这也是校园招聘和内部选拔被重视的一个原因。因为校园招聘和内部选拔，本质都是企业自己培养人，而不是从外界招一个已经成熟的人。

在这种大趋势下，招聘渠道的扩展、招聘工作的运营、人才池的建设都成了必不可少的工作组成部分。可这些并非一朝一夕就能出成绩，而招聘工作者为了完成个人 KPI 指标，容易投机取巧，在招聘质量上有所放松，单纯为了追求数据而行动，这一行为和企业想要的结果显然背道而驰。

这也就告诉了企业管理者，在关注内外部招聘的同时，要建立好自己的招聘团队，有时找不到合适的人，不是外界没有，也不是企业招聘方式有误，单纯是因为招聘团队的无力。企业应给他们更多的权力，让他们能够为了出成绩而动脑筋，而不是想歪点子。

在大众眼里，招聘工作非常简单，随便一个人来都可以快速上手，可真实情况并非如此，从来没有简单的工作，只有想法简单的人。

企业要想选对人、选好人，首先得让选人的人是对的、是好的，如此方能考虑其他。总之一句话，招聘工作不会消失，其重要性会愈加凸显，愿意并且能够做好招聘的人绝非等闲之辈，这条路，任重而道远。

第8章

选拔实操：案例详细展示

8.1 招聘管理制度的制定

招聘管理制度是一切招聘工作的起始点和落脚点。好的制度能够起到良好的引导作用，告诉每一位参与到招聘中的人究竟需要做些什么。在这一节，我们将通过具体的案例，展示完整的招聘管理制度包括哪些内容。根据企业的实际情况，其具体内容会有所不同，但结构不会有太大出入。

一般而言，招聘管理制度包括七个方面的内容，又根据工作的深入程度，分为外部招聘、内部招聘和校园招聘三个模块，见图 8-1。

1. 招聘目的

一般来说，招聘目的就是招聘到高质量人才，满足企业用人需求。例如，“为规范招聘工作，公司通过系统化的招聘管理体系，吸引、招募符合要求的社会人才、校园高才生，保证公司的现在及将来用人需求得到满足，特制定本管理制度。”

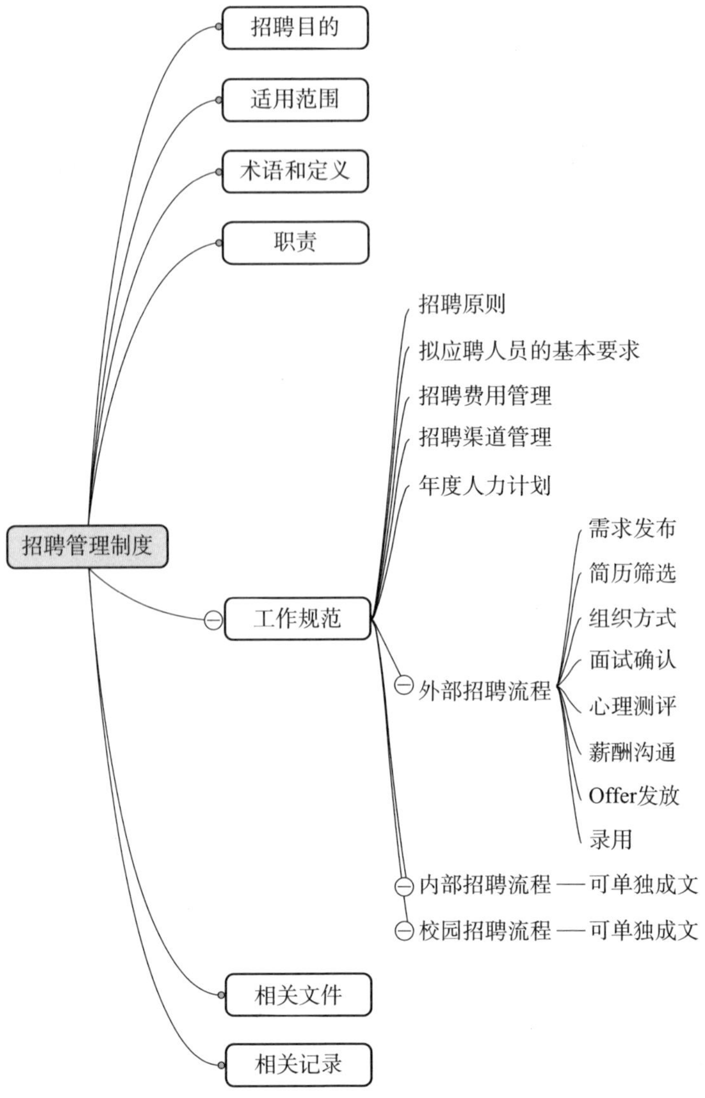

图 8-1　招聘管理制度涵盖内容

2. 适用范围

适用范围就是招聘管理制度对哪些人适用，例如，“本制度适用于公司人力资源部及其他各职能部门，如有特殊情况未在制度中予以说明，需另行规定。”

3. 术语和定义

术语和定义主要是指管理制度中所涉及的专业名词。并不是每一个人拿到管理制度就知道其中每个词、每句话的含义，术语和定义就相当于一种解释说明，帮助阅读管理制度的人理解。例如，“RPO 即招聘流程外包，是指一个企业将招聘流程交付给外部企业来运作的一种招聘方式，涵盖常规招聘的各个环节。”

4. 职责

职责主要是指不同层级的人员在招聘中扮演着怎样的角色，这与他们所拥有的权力息息相关。例如：

总经理的职责包括：一是负责公司年度人力招聘计划的审议与确定；二是负责月度招聘工作的审批。

各部门的职责包括：一是负责根据生产需要，提供合理的人力需求计划；二是负责协助人力资源部门做好招聘面试及评价工作。

人力资源部的职责包括：一是负责制订年度人力招聘计划，并报总经理审批；二是负责日常招聘工作的开展，从专业视角，挑选出符合公司要求的各类人才。

5. 工作规范

工作规范是整个招聘管理制度的核心，它的作用就在于讲清楚招聘工作究竟是怎么开展的。根据涉及的内容不同，其描述自然会有所不同。以下是某公司的《外部社会招聘工作规范》的内容节选。

（1）招聘原则

为贯彻“总量控制、重点保证”的大方针，公司在确保公平、公正、公开的基础上，择优录用应聘人员。

（2）拟应聘人员的基本要求

基本要求包括：认同公司的企业文化和价值观，愿意为公司发展贡献自己的力量；身体健康、品行端正，无违法违纪记录；已与前单位解除劳动合同，不存在劳动纠纷；学历统招本科及以上。

（3）招聘费用管理

人力资源部需要在降低总成本的前提下，合理控制年度招聘总成本，有效利用每一笔招聘预算经费；根据实际需要，按照财务部门的要求，单独制定招聘预算，在预算范围内使用招聘资金，并以半年度、年度为单位，跟踪管理。

（4）招聘渠道管理

招聘渠道分为内部和外部两种：内部渠道是指公司官网、微信公众号、招聘专属邮箱、OA 系统和办公沟通 APP；外部渠道包括但不限于各类线上招聘网站、猎头、第三方 RPO 招聘服务公司。人力资源部每半年根据招聘实际需要，开通或关闭某些渠道，确保每一个渠道都得到有效利用。

（5）年度人力计划

人力资源部根据公司战略发展需要、往年招聘实际情况，在每年底制定次年全年招聘需求计划表，用来预测、指导及规范次年招聘工作的开展，做到有的放矢；原则上，不对年度人力计划做巨大调整，但如遇突发状况，导致招聘工作实际与计划出入巨大，则根据实际情况及时做出新的调整。

（6）外部招聘流程

根据公司招聘需求，人力资源部在制订好人力需求计划、做好招聘预算、确定招聘渠道的前提下，有序高效地开展外部社会招聘。具体分为以下几个阶段：

第一个阶段：需求发布

人力资源部根据各业务部门用人需求，确定需求人数和岗位 JD，通过各渠道发布招聘信息，吸引求职者。

第二个阶段：简历筛选

人力资源部招聘管理者对主动投递的简历，以及主动搜索的简历进行有效的筛选，确保简历上反馈的信息符合企业的基本用人需求，并对符合要求人选进行初步的电话或网络沟通，确认其求职意向，开展邀约面试工作。

第三个阶段：组织方式

本公司面试，原则上采取现场面试方式；对于确因路程遥远或其他不可抗因素，导致无法到达现场面试的，可先采取远程网络面试方式，但如网络面试通过，需再次进行现场面试。根据实际情况，公司可部分报销求职者路费。

第四个阶段：面试确认

面试确认包括：对于普通员工，只需经过两轮面试即可，面试官分别为人力资源部门招聘工作者、业务部门业务经理级人员；对于主管经理及以上人员，总共三轮面试，面试官分别为人力资源部门招聘经理、人力资源总监，以及业务部门业务总监。招聘流程为：应聘者先经过人力资源部门面试，再参加业务部门复试。但特殊情况下，公司根据业务部门用人特点，也可先安排业务部门面试，应聘者技术水平合格后，再由人力资源部门判断其综合能力。

第五个阶段：心理测评

对于通过面谈沟通的应聘者，人力资源部门需对其进行心理测评，测评分数达标，方可进行薪酬的沟通；若不达标，则实行一票否决。

第六个阶段：薪酬沟通

只有通过初试、复试及心理测评的应聘者，才由人力资源部门负责招聘和薪酬的工作者，一同与之进行薪酬沟通，确定其岗位职级职等、初始定级工资。

第七个阶段：Offer 发放

薪酬沟通后，对有意向前来公司就职的人选，由人力资源部发放 Offer，明确相关信息，包括入职报到材料、报到地点和时间、薪酬具体明细等。

第八个阶段：录用

应聘者前来报到的当天，由人力资源部与之签订劳动合同，讲解公司基本情况，进入试用期观察周期。

对于内部招聘和校园招聘，制度编制的方法和社会招聘类似。如果企业内部招聘和校园招聘程度化不够，则完全可以和社会招聘并列，一起纳入招聘管理制度当中。但若内容较多、程序复杂，则可以单独成文，和社会招聘管理制度并列，合为“三种招聘制度”。

6. 相关文件

相关文件是指和招聘息息相关的其他管理制度，它们相互补充，构成了一个完整的管理制度体系，比如培训管理制度、薪酬管理制度。

7. 相关记录

相关记录是管理制度中涉及的相关表单。它明确地指出，在招聘管理制度中，每一个步骤会用到哪种类型的表单，帮助 HR 更进一步地了解招聘管理制度的内涵。例如，招聘管理制度会涉及年度招聘计划表单、简历筛选登记表、求职者面试申请表、面试评价表等。

8.2　年度招聘计划书的拟订

年度招聘计划，是企业开展全年招聘工作的核心。想要做到有的放矢，就需要提前对招聘工作有一个大概了解，即便会有变动，也能做到提前预知，不至于在繁忙之中乱了阵脚。一般来说，年度招聘计划书都是在前一年年底前就要完成的，见表 8-1。

表 8-1　年度招聘计划书的内容（样例）

序号	内容		备注
1	招聘需求汇总	20×× 年招聘需求汇总	含年度计划新增和离职补充预测
		20×× 年人力变更汇总	20×× 年度人力计划中的人员变化情况
		20×× 年计划内人力需求	20×× 年度人力计划中的新增需求
		20×× 年离职预测人数	根据 20×× 年离职率估算的 20×× 年离职人数
		20×× 年计划减员人数	20×× 年度人力计划中的减员人数
2	招聘准备	岗位工作目录清单	需招聘岗位的工作目录情况
		招聘渠道	招聘渠道明细及使用情况
		招聘预算	20×× 年招聘预算（含校招）
		任务分工	组织成员及分工安排
		面试资格人	各部门面试资格人名单
3	招聘执行计划		招聘分工及时间安排
4	附表		招聘管控表、招聘专员工作情况跟踪表、面试者体验计划书

1. 招聘需求汇总

招聘需求汇总就是各类招聘需求的总和，包括企业可能想到的各种类型人员的招聘，比如，项目人力扩充、离职补充等。企业在招聘过程中，会用符合企业实际情况的分类标准，对所需招聘人员进行分类。

一般而言，招聘需求汇总分为计划内和计划外。计划内是指企业预测到需要招聘的人数，包括因企业扩张而需要额外招聘的人力，以及根据往年实际情况做出的离职人员补充。而计划外，则是在预想范围外的额外新增。例如，企业本来没料到会做某块业务，自然也就没办法提前预料，等到需要的时候，再增加人员，见表 8–2。

表 8–2 招聘需求汇总表（样例）

部门		招聘需求		合计
		计划内	离职预测	
总计		56	163	219
业务部门汇总		54	160	214
×× 事业部	×× 部	1	4	5
	×× 部	3	15	18
	×× 部	0	17	17
	×× 部	8	19	27
	×× 部	1	6	7
×× 事业部汇总		13	61	74
…		…	…	…
职能部门汇总		2	3	5

注：数据在此仅作为案例展示，需根据公司实际情况填写。下同。

2. 招聘预算

招聘预算是招聘工作的基本保障。所谓“巧妇难为无米之炊”，企业既要控制招聘成本的支出，又要有足够的资金用于招聘工作。因此，在做招聘预算时，需要将招聘工作的每一个环节都考虑清楚，才能知道钱会花在哪儿，花多少。

不论是社会招聘还是校园招聘，都包括以下几类费用：线上线下招聘渠道开通费，猎头、RPO 项目、校招项目服务费，外出招聘食宿费，宣传物料费，求职者面试路程费，见表 8-3。

表 8-3　招聘费用预算统计表（样例）

招聘类别	费用分类	费用说明	预算金额（元）
共计			1761480
社会招聘	招聘网站费用	前程无忧（1 年）	43880
		智联招聘（1 年）	15000
		猎聘网（1 年）	28800
		拉勾网（1 年）	18800
		小计	106480
	专场招聘会	互联网类人才专场招聘会	600000
		小计	600000
	人才测评	人才素质测评费用	55000
	合计		761480
校园招聘	××	××	1000000
	合计		1000000

3. 任务分工

为了让招聘工作各环节衔接顺畅，需要在开始之前就对相关人员进行分类，明确他们各自的职责，只有责任到人，才能知道自己该做什么。此部分需要根据企业招聘流程实际进行划分，见表 8-4。

表 8–4 招聘项目组成员任务分工说明（样例）

序号	责任人	人员	职责
1	决策组	××	负责对人才招聘录用最终决策
2	项目负责人	××	（1）负责对整个招聘过程提供指导性意见 （2）对招聘的开展情况进行监督 ……
3	执行小组	××	（1）负责需求岗位的工作目录的收集 （2）负责外部渠道的选择和维护 （3）筛选合适简历，预约面试 ……
4	支持小组	××	（1）负责办公用品、电脑的准备 ……
5	公司各部门	××	（1）对口人：负责需求岗位的工作目录提交和简历筛选 ……

4. 面试资格人

面试官的确认，是很多企业没有在意的一个环节，但面试成败，很大程度上与面试官息息相关。正如我们在前几个章节所讲到的，因为面试官的不专业，导致求职者对公司印象不好，放弃考虑公司的情况经常发生。只有确认面试官人选有哪些，对他们的面试资质进行确认，才能更进一步培养他们，让他们具备更加系统的面试理论知识和实操经验。毫不夸张地说，每一个进入公司的新人，好与坏的决定权基本都在业务部门面试官手里。人力资源部门的面试官只是对应聘者基本信息的确认，以及对其“冰山”下素质的探寻，很难全面把握求职者的业务能力。业务部门面试官若不能通过面试将求职者的全部能力识别出来，就非常容易漏选或错选。

表 8–5 招聘面试官确认表（样例）

事业部	部门	现所属科室或领域	面试资格人		复试	属地
			姓名	岗位		
××事业部	××部	××科	张三	经理	老大	北京
		××科	李四	高级工程师		广州
			王五	高级工程师		武汉
			赵六	副经理		上海
	××部	××科	孙七	经理	老三	北京
		××科	周八	经理		武汉
		××科	吴九	主管		上海

5. 招聘管控表

管控表的用意，在于让公司相关人员每日随时知道公司的招聘进展到了何种程度。负责发送招聘管控表的人员，需要将每日的数据进行整理更新，并将变动情况摘录出来，单独形成邮件正文，方便邮件接收者准确了解，同时附上完整的管控表单，便于接收者在需要查看明细时，能够及时获知。只有做到信息流的通畅，业务部门才不至于心中没底，也就不会因为人员招聘的问题与人力资源部产生矛盾，见表 8–6。

表 8–6 招聘管控表（样例）

属地	事业部	部门	招聘目标（20××年）				招聘实绩										
							外部招聘					内部调动			已经到岗	还未到岗	合计
			计划内	离职或调动需补充	计划外	合计	已入职	未入职		小计	其中应届生	已调动	待调动	小计			
								已审批待入职	待审批								
合计																	
××地区	小计																

续表

属地	事业部	部门	招聘目标（20××年）				招聘实绩										
							外部招聘					内部调动			已经到岗	还未到岗	合计
			计划内	离职或调动需补充	计划外	合计	已入职	未入职		小计	其中应届生	已调动	待调动	小计			
								已审批待入职	待审批								
北京	××事业部	××部															
	××事业部	××部															
	××事业部	××部															
		××部															
		小计															

6. 招聘专员工作情况跟踪表

当然，对于每一个招聘专员，也应该有一张管控表单。表单需要分成“计划”与“实际”两个部分。“计划”部分，招聘专员需要给自己下个月面试情况做一个预测，这既是对自己工作情况的把握，根据实际填写计划，也是一种变相的目标制定。如果实际招聘情况和计划出入较大，中间必然存在问题，如此查漏补缺，就能进一步提升招聘专员的工作能力，见表 8–7。

表 8–7　招聘专员工作情况跟踪表（样例）

月份	月计划情况					月实际情况				
	简历数	邀约成功数	面试人数	技术面试通过数	审批人数	简历数	邀约成功数	实际面试数	技术面试通过数	审批人数
小计										

7. 面试者体验计划书

在面试时，能否给求职者一种良好的主观体验，让他们即便面试不通过，也依然对公司留有深刻的印象，是招聘工作人员需要思考的一个问题。在此基础上，面试者体验计划书则是很好的思考方向。

企业可以根据实际情况，制定一个能够在面试过程中传递企业温度的策划案。这一策划案，旨在告知面试官，自己需要做哪些事情，能够宣传企业的雇主品牌形象。这就是一份行动准则，参与到面试过程中的人都需要以此来要求自己。它在内容设计上，更加关注与求职者能够衔接到一起的部分，和招聘计划书互为补充，形成一体。样例见表 8–8。

表 8–8　面试者体验计划书（样例）

× × 公司面试者体验提升项目任务书

一、意义

1. 形成良好的口碑宣传，建立公司雇主品牌形象，从而降低招聘成本；
2. 减少候选人的爽约率，提高公司招聘成功率。

二、项目任务书

序号	任务课题	负责人	交付成果
1.1	对外宣传信息改版	× ×	新版职位 JD 模板
1.1.1	工作内容改版	× ×	新版工作内容模板
1.1.2	任职要求改版	× ×	新版任职要求模板
1.1.3	公司介绍内容改版	× ×	新版公司介绍模板
1.1.4	薪资福利待遇介绍改板	× ×	新版薪资介绍模板（雇主品牌及全面薪酬介绍）
1.2	招聘渠道维护	× ×	招聘渠道维护标准

经过以上环节的设置和规整，一幅完整的招聘流程图就摆在招聘工作者眼前，自然能够让招聘者做到心中有数，通过实践反思、反思再实践的循环往复，提高招聘的质量和效率。

8.3 校园招聘工作的实施

在诸多招聘渠道中，校园招聘已成为企业引进人才的一条重要途径。以下就以国内某大型民营集团M公司为例，展示校园招聘的全流程。具体可分为三个阶段，见图8–2。

1. 准备阶段

校园招聘准备阶段包括以下几点：

（1）需求分析

需求分析是校园招聘开始前最基础也是最重要的一步。M集团人力资源部为做好需求分析，完成了以下几个步骤：

步骤一：业务数据分析

对人均销售额、人均利润率等过往业务情况进行分析，同时与集团高管进行访谈调研，结合公司战略，对未来1~3年业务发展进行预测。

步骤二：人力资源分析

开展人才盘点，对企业关键岗位的储备情况、历年人员流失率和增长情况进行分析。

步骤三：预测校招编制

根据M集团销售增长情况，按销售增长50%计算人力资源供给编制，然后再确定社招和校招编制的比例。

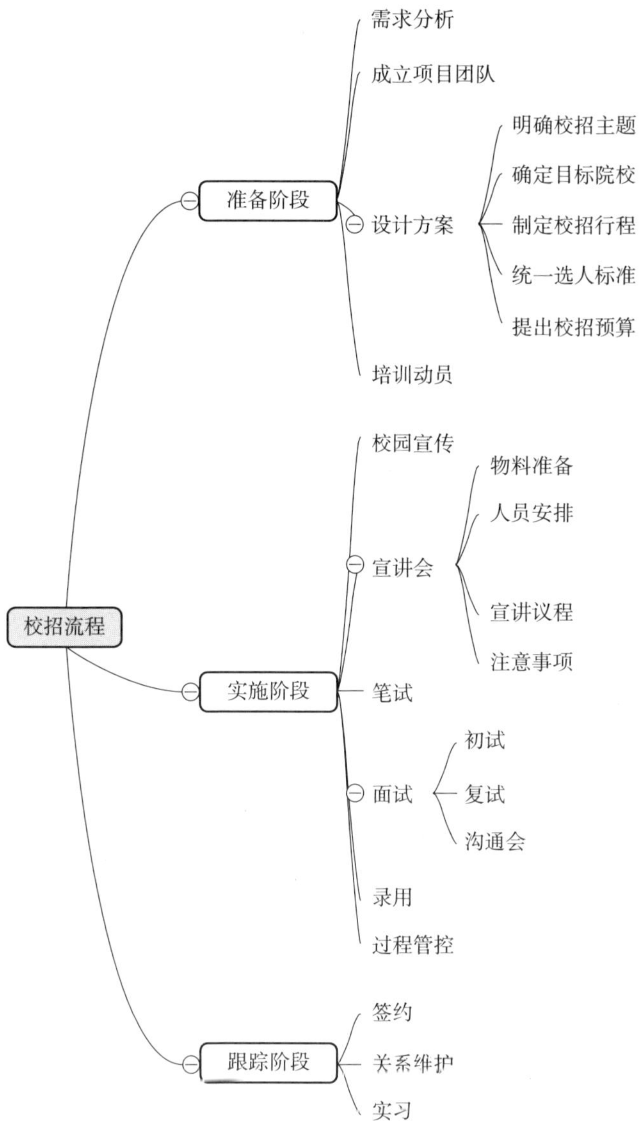

图 8-2　校招流程

步骤四：开展需求调研

在总体预测的基础上，向总部各部门及下属子公司发放需求调查表，指定时间内收集需求信息，包括岗位数量、岗位职责、岗位要求、团队结构、用人机制等。

步骤五：分析整合信息

在需求调研后，对信息进行系统归类与整理，并结合此前的校招预测情况进行匹配分析，提出人力资源合理规划意见并与相关部门或子公司进行沟通。

步骤六：确认校招需求

在经过一系列调研分析及沟通后，将校园招聘需求计划提交集团管理层进行讨论审核，并将审核意见反馈至各部门与子公司，若无特殊情况，则确认最终的校招需求。

（2）成立项目团队

校园招聘成功与否，关键环节就是招聘项目团队的整体水平。团队成员需要对校招流程谙熟于心，并具备专业的识人选人能力、灵活的组织应变能力、娴熟的人际沟通能力等，且团队成员之间具有互补性。M集团校招项目团队的关键角色如下：

1）校招项目总负责人。主要负责整体校招项目的把控、各阶段关键事项的交付确认、内外部资源协调等。

2）城市站项目经理。主要负责当地城市校招任务的总体组织和协调工作，并按要求对项目总负责人进行汇报。

3）面试官团队。面试官既有人力资源部人员，也有业务部门的直线经理。他们需要具备独立选拔人才的专业能力，并根据统一的人才标准进行招募和甄选，每场校招一般配置2名专业面试官及2名业务面试官。

4）校企关系经理。M集团的校招项目团队中还专门设立了校企关系经理岗位，平均每位经理对接3个左右的目标院校。他们需要与高校就业指导中心、院系老师等保持密切联系，及时了解应届生情况，掌握就业组织活动的动态。

5）宣讲团队。M集团的宣讲团队阵容庞大，既包括专业的人力资源招聘人员，还包括集团高管、部门中层或子公司负责人、目标院校的学长学姐代表等。

6）宣传团队。M 集团十分重视校园招聘的宣传工作，并由总部人力资源部进行主导，开展线上线下一系列的雇主品牌及招聘信息推广。

7）后勤团队。后勤团队主要负责 M 集团校园招聘工作的保障工作，如交通、住宿、伙食安排等。

（3）设计方案

校园招聘的设计方案如下：

1）明确校招主题。M 集团每年的校园招聘活动都会设置不同的主题，以体现企业文化并吸引应届生的关注。

2）确定目标院校。由于该集团是一家全国性的专业服务机构，因此目标院校的选择主要依据专业对口的原则来确定，同时也覆盖了部分城市的 985 院校。

3）制定校招行程。集团的秋季校招周期集中在每年 9 月至次年 1 月，春季校招则主要在次年 3 月至 4 月。

行程的整体安排一方面要避开学校的集中考试或学生上课时段，另一方面需要与宣讲团队和面试团队成员协调时间。样例见表 8-9。

表 8-9　校园招聘行程安排（样例）

10 月																			
城市	宣讲或笔试院校	14	15	16	17	18	19	20	21	22	23	24	25	26	27	28	29	30	31
厦门	厦门大学															TE		I	II
广州	中山大学									TE		I	II						
	华南理工大学									TE		I	II						
北京	中央财经大学	TE			I	II													
	首都经贸大学		TE		I	II													
济南	山东大学									TE		I	II						

续表

10月																			
城市	宣讲或笔试院校	14	15	16	17	18	19	20	21	22	23	24	25	26	27	28	29	30	31
天津	天津财经大学															TE		I	II
长春	吉林大学																		
大连	东北财经大学																		

注：此表为M集团某年度11月校园招聘的行程表，其中TE代表宣讲和笔试，I代表第一轮面试，II代表第二轮面试。

4）统一选人标准。M集团人力资源部在校园招聘开始前，结合企业文化及日常要求，还设计了校园招聘参考标准，见表8–10。

表8–10 M集团校园招聘参考标准

<table>
<tr><td colspan="3">整个招聘过程中，综合素质重点考察七点，分别是责任心、主动性、学习能力、思维能力、沟通能力、团队合作、坚韧性。其中责任心、主动性和学习能力在面试过程中是需要重点考核的三项。其他素质可以结合笔试、一般面试感受（形象气质等）进行判断，记录在评价表中</td></tr>
<tr><td colspan="3">以下为A、B、C、D四类人员的典型特征，作为校园招聘面试参考标准。A、B、C、D人才招聘比例为2：6：2：0</td></tr>
<tr><td colspan="3">A. 专业技术型（5年后专业技术突出，团队技术顾问）</td></tr>
<tr><td colspan="3">典型特征：聪明，逻辑思维能力强，学习能力强，有自信心，对自己认定的事非常执着，喜欢钻研细节</td></tr>
<tr><td>综合素质</td><td>低分表现</td><td>高分表现</td></tr>
<tr><td>责任心</td><td>工作疏漏较多，得过且过，追求最低要求，过关即可</td><td>对自身工作设置较高标准，经常进行回顾和检查，主动进行改善和提高</td></tr>
<tr><td>主动性</td><td>工作学习有很强的惰性，需要他人经常性的督促，自我驱动力弱</td><td>为了更好地实现目标，经常能自觉地投入更多的时间和精力，自我驱动力强</td></tr>
<tr><td>学习能力</td><td>在专业上停滞不前，不愿意更新自己的知识结构；在工作中不注意向其他人学习</td><td>从事自己不熟悉的工作时，能够自觉地投入额外的精力钻研资料，掌握较好的学习方法</td></tr>
<tr><td>思维能力</td><td>思路凌乱，缺乏逻辑性</td><td>条理清晰，能根据经验和常识迅速发现问题的实质</td></tr>
</table>

续表

沟通能力	沟通有一定障碍，不能清楚表达自己的意见，或理解别人的意见	对于相对复杂的内容和在不同的场景下，能在适当准备后，较好地表达自己的意见
团队合作	在项目中单独作业，不与他人沟通	愿意帮助群体中的其他成员解决所遇见的问题，或毫无保留地传授技能给其他成员
坚韧性	经受不了批评、挫折和压力	能在比较艰苦的情况下或巨大的压力下坚持工作

注：B、C、D 类人员的典型特征未列。

5）提出校招预算。集团的校招预算主要包括招聘宣传广告投放、物料准备、场地费、项目团队差旅费以及应届生的实习补贴等人工成本。

（4）培训动员

在校招正式开始前，M 集团通常会召开一次整体动员会及若干次培训会议。动员会的参与者除了项目团队主要成员，还会邀请公司高管及各部门负责人，主要目的是统一思想、鼓舞干劲、达成目标。而培训会议的参加则以项目团队成员为主，内容主要包括以下两个方面：

1）校招政策。培训时需要传达集团的统一用人标准、岗位说明、应届生薪资福利标准、录用后的跟踪等。

2）校招流程。让项目团队成员熟悉校园招聘的整体流程，了解关键节点的相互衔接，同时明确自身角色的职责。

2. 实施阶段

M 集团的实施阶段包括以下几点：

（1）校园宣传

招聘前，M 集团发动持续、广泛、有效的校园宣传，营造声势，吸引眼球。校园宣传主要分为两个阶段。

第一阶段：广泛宣传

宣传团队通过线上、线下等途径对校园展开全方位的宣传，让尽可能多的应届生都能获知公司的招聘信息。在宣传渠道上，宣传团队采用官网、社交平台官方账号、专属链接、外部招聘网站广告投放、社群营销、校园宣传栏等多样化的渠道。在宣传载体上，宣传团队采用海报、展架、宣传册、视频、图文等各种形式。

第二阶段：重点宣传

项目团队还会借助院系、班委的渠道，定向将招聘宣传册发送至对口专业的毕业生手中，让他们了解公司的招聘信息。

（2）宣讲会

在集团的整个校招实施过程中，宣讲会是其中的核心环节，既可以宣传公司的雇主品牌，又可以集中安排应届生投递简历。宣讲会的主要步骤如下：

步骤一：物料准备

宣讲会的物料清单主要包括宣传用品、音响设备、办公用品和文件资料等。在宣讲会当天，工作人员会根据物料清单布置好场地。

步骤二：人员安排

宣讲会涉及的人员主要有主持人、宣讲人、引导人员、设备调试人员、现场工作人员等。

步骤三：宣讲议程

整场宣讲会的议程可分为三个阶段。

第一个阶段是入场阶段。工作人员引导学生入场，维持相关秩序，发放宣传手册及播放企业的宣传片。

第二个阶段是宣讲与沟通阶段。先由主持人介绍宣讲会的整体安排，再邀请公司宣讲团人员依次上台进行宣讲，期间也会穿插一些和学生的互动交流环节。

第三个阶段是结束阶段。主持人对宣讲会进行总结，最后由工作人员收集应届生简历和应聘资料，必要情况下还可以在现场进行简单的初试。

步骤四：注意事项

1）企业参会人员统一着工作服，保持职业形象。

2）主持人和宣讲人声音洪亮，表达清晰，突出重点，并注意把控好节奏。

3）预留时间给现场学生提问，并发放小礼品鼓励。

（3）笔试

笔试是 M 集团校园招聘选拔人才的必备环节。在笔试开始前，项目团队的人力资源专家通常需要对应聘者的简历进行初次筛选，将符合条件者列入笔试名单。笔试环节需注意以下事项：

事项一：预订教室

工作人员应事先预订好笔试教室，有条件的情况下还可多预订一间，以免实际参加人数超出预期。

事项二：布置场地

工作人员至少提前半小时到达笔试场地，在黑板上写明注意事项，在桌角张贴号码牌等。

事项三：发送通知

M 集团多年前就已实行信息化管理，因此项目团队均使用 ERP 系统来安排校招笔试和面试，同时能一键式采用短信和邮件发送通知。

事项四：严明纪律

笔试时的纪律一定要严格执行，如果出现学生舞弊，那么工作人员在收取试题时便会做好记录，取消其面试资格。

事项五：笔试类型

笔试共分为三种类型：素质测试（类似行政能力测试）、专业测试和心理测试。

（4）面试

面试是校园招聘中选拔人才的关键环节。M 集团招聘人员会结合应聘者的笔试成绩，对简历进行二次筛选，并参照漏斗模型选择一定比例的应届生进入面试名单，见图 8–3。

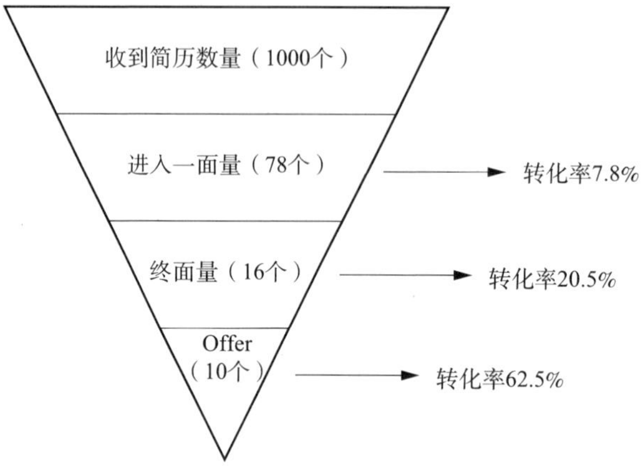

图 8–3　招聘漏斗模型示例

校招的面试具体分为初试、复试和沟通会三个程序。

程序一：初试

M 集团的初试选拔采用无领导小组讨论的方式，讨论过程分为三个阶段。

第一阶段：应聘者每人做一分钟的自我介绍，面试官宣读试题，应聘者独立思考，列出发言提纲，时间规定为五分钟。

第二阶段：应聘者轮流发言，阐述自己的观点，时间为每人三分钟。

第三阶段：应聘者自由发言，不但可以阐述自己的观点，而且可以对别人的观点提出意见，最后进行总结。此阶段时长二十分钟，注意单人的发言时间不宜过长。

在整个讨论过程中，面试官对照评分表内容仔细观察应聘者的各项表现做好记录，并在面试结束后做出评价。初试的评价结果分为 A、B、C 三类，A 类为直接进入复试的，B 类为需斟酌的，C 类为直接淘汰的。

程序二：复试

复试环节为单人面试制，M 集团至少会安排 2~3 位面试官一组，成员包括公司的高管、用人部门负责人及人力资源专家等。复试通常选择场地集中安排，单个城市站约 1~2 天，每天的面试时长控制在 10 小时以内。复试一般采用结构化或者半结构化的方式，面试官小组在面试结束后形成统一的评价意见。

程序三：沟通会

复试结束后，各城市站项目负责人在向总负责人汇报后，拟定出一份进入沟通会的候选人名单，包括已有意向录用的应届生和进入候补名单的应届生。接着由城市站项目负责人组织召开沟通会，以进一步增进双方的相互了解，帮助企业最终做出录用决定。

（5）录用

经过笔试、面试的选拔后，集团人力资源部会在数个工作日内向意向候选人发出校招的录用通知，而非等到内部审批流程完成。此举的目的是更快达成与应届生的签约，抢占人才市场的制高点。录用通知的内容包括拟录用的职位、所属团队及其领导、薪资福利待遇、签约的要求、实习或报到的时间等。

（6）过程管控

在 M 集团校园招聘的实施中，有个十分重要的任务就是过程管控。各城市站的项日负责人需按要求及时统计招聘相关的数据，如参加宣讲会人数、笔试人数、面试人数、简历数量等，并反馈至项目总负责人处。一旦出现招聘数据异常的情况，项目总负责人在必要时可以召集会议，临时调整校招的方案。

3. 跟踪阶段

完成了准备阶段与实施阶段，并不意味着校园招聘就此结束，跟踪阶段对于巩固招聘成果也十分重要。跟踪阶段主要包括签约、关系维护、实习三个环节。

（1）签约

M 集团的签约时间通常根据高校下发就业协议的时间来确定，签约手续可以在公司现场完成，也可以通过邮寄形式完成。签约需要的材料清单包括：①就业协议书。②成绩单原件。③就业推荐表原件。④身份证复印件。⑤英语或计算机等相关证书复印件。⑥其他需要提供的资料。

（2）关系维护

从招聘录用到正式报到前，有一段空档期。在此期间维护好与新人的关系具有重要的意义：一方面是为了增强应届生对企业的信任感，减少校招录用人员的流失；另一方面也是企业雇主形象的良好宣传。在关系维护上，通常有两种形式。

1）情感交流。定期与学生电话沟通，邀请他们参加公司活动，以及节日慰问、邮寄欢迎信等。

2）安排作业。M 集团在招聘中有个特殊的做法，即会安排未到岗的候选人完成“作业”。如要求业务岗位人选撰写市场调研报告，而企业招聘方能从中观察其对工作的投入态度。

（3）实习

除了个别应届生有特殊情况外，M 集团均要求签约候选人参加公司的岗前实习。实习周期一般为 1~3 个月，已明确录用部门的应届生直接定向实习，而尚未明确录用部门的应届生则会采取先轮岗实习后分配的形式来安排。

上述内容为 M 集团开展校园招聘的案例展示，准备阶段、实施阶段、跟踪阶段紧密衔接，形成项目式和体系化的综合管理，为广大企业开展校园招聘提供了很好的参考样本。

8.4　结构化面试过程展示

关于结构化面试，已经在前面的章节讲过，这里对结构化面试再进行一次全面的展示，以帮助大家更好的理解。之所以再强调结构化面试，是因为在有限的面试时间里，越是有更多非结构化的提问，与工作相关的问题就越少，也就越无法准确预测应聘者未来工作的表现。而结构化面试能够很好地杜绝这类情况的发生，具有更大的客观性。

结构化面试具备两个特征，即拥有标准的面试问题和标准的评价系统。在结构化面试中，面试官会按照特定的顺序问一系列预先设定的问题，这些问题主要考核应聘者的工作胜任能力，都按照相同的评分系统进行打分。相对而言，利用结构化面试来甄选人才更加可靠和有效，见图 8-4。

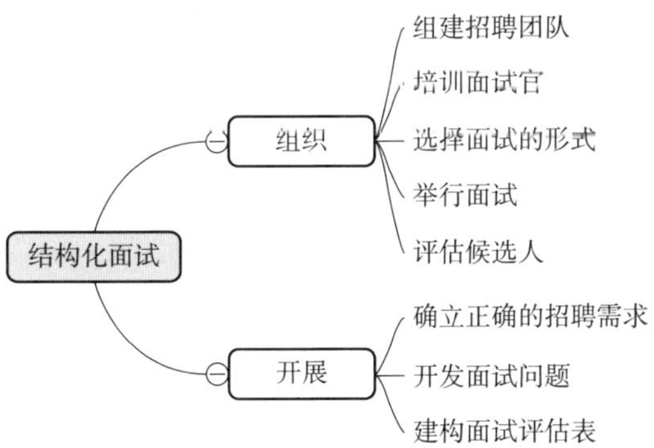

图 8-4　结构化面试

结构化面试总共分为两个阶段：组织和开展。

1. 组织

（1）组建招聘团队

招聘团队一般可以包含 HR 专家、直接主管，或是部门负责人。最好使用多元化的招聘官，消除面试的偏见及可能出现的决策错误。

（2）培训面试官

很多面试官并不喜欢结构化面试，自认为有足够的阅人识人的经验，更喜欢自由地侃侃而谈，因此，有必要开展面试官培训。

首先，要让面试官理解结构化面试的流程，甚至需要他们协助为某个职位设计面试问题及评分标准。培训面试官的另一个好处，就是让候选人感觉到专业且舒服。面试的过程中，尽可能少地出现一些歧视或是不合规的面试问题，引起不必要的麻烦。

面试官要接受记笔记的训练，要及时将候选人的答案记录下来，以确保他们的评分是客观公正的。要在面试时记录而非面试后记录，要记录答案和事实，而非自己的主观评价和判断。无论采用哪种形式记笔记，面试官都不能忽略以下三点：

1）候选人答案中的重要部分（可以帮助面试官回想起候选人所说的话）。

2）与工作相关的标准，极端的行为，一些受保护的特征（如种族和性别）。

3）主观标准（如“校友”）、与工作无关的特质（如“漂亮”）、可以原谅的行为（如“有点紧张”）则无须记录在案。

面试官应克服自己的固有倾向，通过培训要让他们意识到这个问题的严重性，鼓励面试官深思熟虑，不要着急下定论。

（3）选择面试的形式

面试一般包含两种形式：一对一面试；群面（多对一面试）。一对一面试是我们常用的方式。每个面试官会采用不同面试问题评估候选人不同的特质，可以让面试官收集到更全面的信息，评分也更加独立和可靠。群面可以使面试官更容易展开讨论并打分，但也容易让候选人感到紧张和不适。群面时尽可能让候选人放松，不要面对面交谈，建议采用圆桌会议形式。

（4）举行面试

花点时间浏览候选人简历，简历能帮助面试官询问相关的延展性问题。先用非结构化的方式破冰，在面试前的两分钟采用非结构化方式与候选人交谈，营造轻松自然的氛围，更有利于之后的结构化面试。例如：

“你好，你是 ×× 吧，请坐。”

“（简单寒暄）你怎么过来的？”

“欢迎你参加今天的面试，我们希望通过与你的交谈，增进对你的直接了解。”

“下面，我们会问你一些问题，希望你实事求是地回答这些问题。”

“不要紧张，请仔细思考问题后再回答，尽量做到条理清晰、简洁明了。”

结构化面试不代表僵硬，在面试的过程中要呈现对候选人的兴趣，并且认真地倾听，多用眼神交流；候选人在面试的过程中，通常也期望获取到公司的更多信息，要主动回答候选人的问题。

（5）评估候选人

某个候选人，在面试官在意的某项技能上表现优异，面试官可能下意识地给他所有的项都打出较高的分值。建议在见完所有的候选人之后，再统一打分，避免“首因效应”。在评分问题的设计中，有可能为考核一项胜任能力设置了多个问题，建议综合考量这些问题，取平均值。多个面试官对不同候选人有不一样的选择和打分权重，建议开一个碰面会议。一般来说，用人部门经理的权重会比 HR 的决策权重更大一些。经讨论之后，再决定最后的评分。

2. 开展

一般来说，结构化面试的开展包括以下几点：

（1）确立正确的招聘需求

结构化面试的第一步，就是进行工作分析，需要面试官识别在该项工作中获得成功所需要的能力或素质，并将这些重要特征列成简明的清单，然后去开发问题，有针对性地提问。除此之外，面试官要识别公司内所有员工都必须具备的通用素质，比如正确的价值观等。

在收集到完整的需求清单后，面试官需要进行筛选。因为并不是所有的能力 / 素质项都需要一一考察。在挑选“需求”时，需要思考以下几个问题：

1）这项能力可否通过其他方式进行评估，比如说背景调查？如果可以，那么这项考察就没必要单列在面试流程里了。

2）这项能力是不是一定必须具备，比如，会计需要具备社交能力吗？

3）候选人在工作中能够达到这个能力吗？这主要指特定的知识和技能，而非个性。

原则上我们在招聘工作中，需要确定必需的能力项，并清晰地定义它。你不能说“候选人需要具备出色的编程能力”，到底是使用哪种编程语言？要达到怎样的标准？需要定义得非常清楚。

（2）开发面试问题

1）面试问题的排序。面试问题的排序取决于面试官想首先评估哪些能力。一般硬技能可以通过笔试来进行评估，如果不能够全面地评估，也可以通过提问来考察。考核完硬技能，再询问软技能的问题。通常先问与角色相关的能力，再询问通用素质。考察时，通常先从候选人的兴趣切入，再谈到成就和里程碑事件，如此能够营造比较好的沟通氛围。

2）询问适当数量的问题。对于每一项主要的能力，多问一些问题，有助于我们更清晰地了解，可以的话，问 3 个问题较为恰当。由于面试时间的限制，我们不可能将所有的精力都专注在一个点上，具体情况还需要根据所考核能力的重要性而定。

结构化面试的提问方向和参考问题举例见表 8–11。

表 8–11　结构化面试的提问方向和参考问题举例

模块	参考提问
业务发展规划	提问一：所在城市的市场和竞争情况如何，我们的核心优势在哪里？ 提问二：你入职后的工作目标是什么，核心举措是什么？ 提问三：你需要什么资源投入，可能会有什么样的风险？
团队发展规划	提问一：你希望你的团队配置是什么样的？ 提问二：你认为未来团队建设最大的挑战是什么，如何解决团队发展规划？ 提问三：你的团队管理存在哪些方面的风险，如何避免？
……	……

3）问题的开发。一般面试中存在两类问题：一类是与具体工作岗位相关的面试问题，这类问题取决于岗位的性质和需求，通常由用人部门负责人开发；另一类是评估通用素质的问题，通常由 HR 部门进行开发。

与岗位相关的面试问题包含两类：一类是与工作相关的概念、法律和工具等常识性的硬技能；另一类是人格特征与抽象技能的软技能，比如领导风格。

评估通用素质的面试问题也包含两类：一类是考核候选人对公司及行业的了解；另一类是考核候选人的文化适配性。

在开发问题的过程中，面试官要特别注意使用真实的工作场景，且问题的表述要清晰明了，尽量避免使用行话；所开发的问题要确保不能用简单的“是”或“否”来回答，也不要有清晰的指向性；尽量避免加入过多的细节，也不要想着去评估任何与工作无关的东西。开发完成后，面试官可以咨询相关人员的意见，并进行测试。

4）使用追问。结构化面试不会有太多即兴提问的空间。如果候选人回答得不够清楚，你可以通过追问来进一步澄清。面试官提问的方式很重要，如果在提问的过程中，面试官表露出他对问题的预期，那么聪明的候选人就能很快捕捉到这一信息，伪造答案，给出符合面试官期望的“正确答案”。

（3）建构面试评估表

结构化面试评估表的样例见表 8-12。

表 8-12 结构化面试评估表（样例）

维度	素质	权重	评价标准	评分
管理自我	自我认知、追求卓越	30%	层级一：很少进行自我反思与批判，在要求下有所提升与改进	0~10 分
			层级二：进行自我反思，倾听他人的建议和反馈，展现较强的工作动力和韧劲（如主动设定挑战性目标），在个人能力和工作绩效追求卓越上有显著提升	11~20 分
			层级三：进行深入自我反思，善于学习；具有远大抱负和事业心，充满激情。个人成长和工作成就在最近两年内取得了显著突破	21~30 分
管理业务	战略思维、专业能力	40%	层级一：针对具体问题进行有效的分析和解决，按部就班地完成工作任务，绩效目标合格。没有主动思考，很少有自己的观点	0~15 分
			层级二：清晰理解组织的战略和目标，并结合自己的业务进行分解，果断决策，系统制定清晰具体的业务目标和计划，统筹资源，持续提升绩效和组织的竞争力	16~25 分
			层级三：外部视野，平衡短期和长远目标，具有远见卓识，洞察趋势，并善于决断和把握机会	26~40 分

续表

维度	素质	权重	评价标准	评分
管理团队	知人之智、自信果敢	30%	层级一：人际不敏锐，团队管理意识弱，主要以任务为导向管理团队，对他人的评价主要是工作态度和经验	0~10 分
			层级二：较强的人际能力和团队发展意识，知人善任，采取有效措施（授权、激励等）显著提升团队士气	11~20 分
			层级三：善于处理复杂的人际困境，赢得团队的信任和尊重，展现很强的影响力、魄力和感召力，善于发展和辅导他人，显著提升组织能力	21~30 分

1）选择评分表。面试官可以根据需求选择合适的评分系统，无论是层级打分，还是正反两级都可以作为面试的评判标准。

2）开发评分系统。评分系统对确保客观的面试决策至关重要。一般每个问题会设置 5 分或是 7 分为满分，然后准确定义评分的层级。在为每个层级分配分数时，有明确与工作相关的标准，如此能够有效地避免面试过程中的偏见。

定义层级可以从“不满意”到“满意”，从“低”到“高”，可以指定每个层级的一般定义，具体的打分分值取决于面试官对候选人答案的评价。